区域社会企业生态系统的构成、互动关系及其现代性问题

——以成都市为例

潘书惠 ◎ 著

广西师范大学出版社
·桂林·

图书在版编目(CIP)数据

区域社会企业生态系统的构成、互动关系及其现代性问题：以成都市为例/潘书惠著. -- 桂林：广西师范大学出版社，2025. 6. -- ISBN 978-7-5598-8147-2

Ⅰ. F279.277.11

中国国家版本馆 CIP 数据核字第 2025VK2137 号

区域社会企业生态系统的构成、互动关系及其现代性问题：以成都市为例
QUYU SHEHUI QIYE SHENGTAI XITONG DE GOUCHENG、HUDONG GUANXI JI QI XIANDAIXING WENTI：YI CHENGDUSHI WEI LI

出 品 人：刘广汉
策　　划：博雅文化
责任编辑：李　影
封面设计：梁艳学
广西师范大学出版社出版发行

（广西桂林市五里店路 9 号　　　邮政编码：541004）
（网址：http://www. bbtpress. com）

出版人：黄轩庄
全国新华书店经销
销售热线：021 - 65200318　021 - 31260822 - 898
山东韵杰文化科技有限公司印刷
（山东省淄博市桓台县桓台大道西首　邮政编码：256401）
开本：890 mm×1 240 mm　　1/32
印张：6.25　　　　　　字数：143 千
2025 年 6 月第 1 版　　　2025 年 6 月第 1 次印刷
定价：48.00 元

如发现印装质量问题，影响阅读，请与出版社发行部门联系调换。

目　录

引 言

　　社会企业的概念源于西方对 19 世纪工业化和城市化进程中出现的各种问题的反思。传统西方社会的整合体系受到危机的冲击，在文化、政治、经济等多个层面出现失调，原有的基层社区治理体系面临严峻的挑战。由此，社会组织与企业组织形成了持续数百年的相互转化。无论是在学术界还是在实践中，"企业社会责任"（Corporate Social Responsibility，简称 CSR）、"社会创业"（Social Entrepreneurship，简称 SE）、"社会企业"等概念越来越受到重视。一方面，社会企业的主要目标是提供社会价值，旨在扩大就业、减少贫困、改善社会公共服务；另一方面，社会企业的私营企业性质，通过商业活动收入为社会项目提供资金，有效缓解了公共部门的财政压力。然而，社会企业在发展过程中，也经常遇到一些挑战，包括政策环境配套、资金、网络、协同发展、治理结构等方面。社会创业正在成为一种全球现象，其不同的愿景反映了国家、地区和文化上的态度。对社会创业的不同理解产生了这一领域的不同实践，并形成了特定的社会创业生态系统。

　　在中国，社会创业和社会企业被认为是 2004 年从西方引入的概念，当时北京大学的刘继同翻译了一份关于经济合作与组织发展的研究报告（袁瑞军，2019），提及此概念。在过去的十五年中，社会企业在中国得到了快速发展，并日益受到学术界、产业界和社会公众的关注。社会企业在中国的发展有其自身的特点和挑战。

中国已经从过去的"乡土中国"转变为"城乡中国"（刘守英、王一鸽，2018）。从这个意义上说，任何基于"城市中国"或"乡土中国"的社会治理思想都具有一定的局限性，社会治理创新必须采用"城乡中国"一体化的视角（温铁军，2019）。随着中国城镇化和工业化的快速发展，另一个重大变化是中等收入群体的快速增长，这也带来了新的治理挑战和多元化的利益诉求。人口的快速流动、原城市"单位制"社区的解体、农村社区的城镇化转型，极大地削弱了旧的社会整合体系的有效性，社会治理成本迅速增加。社会经济快速转型带来的社会失范，突出表现在社区治理层面的养老问题、儿童教育问题、残疾人问题、青年就业问题、公共服务问题等。温铁军（2019）认为，要解决这些社会失范问题，必须重建社会整合体系，调动社会多方力量参与。在这一过程中，将社会目标与商业经营方式相结合的社会企业发挥着非常重要的作用。

在研究中国社会企业的同时，一些非政府组织也关注社会企业的实践，加强与国外社会企业的沟通和交流。2009年，英国文化协会在中国启动了"社会企业家技能"（Skills for Social Entrepreneurs，SfSE）项目，目前已培训了两千多名潜在的社会企业家。许多学员已成为中国社会企业探索的先行者（徐永光，2017）。

2015年至今，国内相关研究更多地集中在社会企业的内涵、外延以及政策研究等方面。由于社会企业的定义因具体情境和研究问题的不同而不同（Meyskens，Robb，Stamp & Carsrud，2010），因此在中国，社会企业的定义也很难达成共识。

　　在这一领域的研究中，赵萌（2018）的研究明确界定了社会企业的本质属性，并制定了分类框架。与常见的二元分析视角（社会 – 商业视角）相比，赵萌的企业家视角在理解社会企业的方式上具有内涵的一致性、组织形式的包容性、个体差异的区分性。他期望基于企业家视角的社会企业的定义、框架能够为我国社会企业的发展提供理论依据。由于我国社会企业的发展尚处于初级阶段，人们对社会企业的内涵和外延有着不同的理解。在理论研究和案例分析的基础上提出社会企业的定义、框架，可以为我国社会企业更深入的研究和实践提供更为严谨的话语基础和知识依据。赵萌专门针对社会企业的这项研究为社会企业认证学派提供了有力的理论支持。这一学派近几年在我国备受关注。该学派的学者和实践者认为，建立认证体系对我国社会企业的发展意义重大。他们认为，认证制度可以提高社会企业家的自我意识和社会公众对社会企业的理解，促使产业界对社会企业的理念和实践形成必要的共识，为社会企业的发展绘制路线图。该学派代表学者有北京大学的袁瑞军、亿方公益基金会的李北伟、中国慈展会（CCF）的戴春丽和社创星（SSI）的夏璇。2015 年，中国慈展会联合国际公益学院、北京大学公民社会研究中心、北京师范大学中国公益研究院、亿方公益基金会、中国人民大学尤努斯社会事业与微型金融研究中心共同发起了中国社会企业认证。中国慈展会建立了符合中国国情的社会企业认证标准和评估体系，引导部分社会组织和企业转型，培育了一批中国社会企业。这些社会企业从广义上讲，有社会或环境目标，并能运用商业手段实现这些目标，但对利润分配比例、创新等并没有严格规定。截至 2019 年年中，包括农民专业合作社、民办非企业单位和社会福利组织在内，中国社会企业数量为 175 万家（南都公益基金会，2019）。如果采用简单而保守的计算方法（通过中国慈展会认证），这一数字仅为 234 家（南都公益基金会，2019）。

此外，认证学派强调政府的重要作用，将社会企业视为社会治理的重要工具 / 方式。尽管对社会企业认证的必要性存在非议，但在我国社会创新生态链尚未完善的情况下，如何制定我国社会企业认证的标准，将对社会企业发展的积极性和可持续性产生重大影响。在我国社会企业发展的初级阶段，应该允许不同标准的发展，这些标准可以是包容的，也可以是严格的。2015 年，在《中共中央关于制定国民经济和社会发展第十三个五年规划的建议》中，创新、协调、绿色、开放、共享的五大新发展理念集中体现了中国从 2016 年到 2020 年乃至更长时期的发展方向。在国家的指引下，各级政府纷纷出台地方政策，探索构建协同共治、广泛参与的社会治理体系。在此背景下，社会企业作为社会治理体系的重要参与者，逐渐进入地方公共议程的视野。因此，从实践层面来看，由于一些地方政府的引导和支持，通过与第三方认证机构和一些地方政府部门的合作，社会企业认证派的理念得到了推广和发展，发挥了其在区域发展中的作用。近三年来，北京、成都、顺德等地方政府也建立了自己的认证体系。

在这些具有代表性的地方政府中，作为四川省省会的成都市已成为我国社会企业的创新中心。成都正在努力构建社会企业支持体系，以有效参与社会治理。然而，在该地区社会创新领域的集体影响力形成和发展过程中，各利益相关方在达成共识和共同行动方面存在各自的问题和迷思，导致了这一集体影响力的脆弱性。同时，社会企业在动态生态系统中的可持续性也有待研究。由于当前我国对社会创业领域的某些概念和相关社会现象缺乏较为全面的认识，成都近年来在社会治理和社会创业领域的经验可以为深入研究这一生态环境中的社会企业提供一个很好的案例研究机会。

更为重要的是，我们认为需要进行动态的批判和系统的讨论，来了解社会企业和社会创业领域的双重价值和内在矛盾。Luhmann（1996）将社会分为时间、社会和物质三个维度。加速促进社会在时间维度上发展，同时也改变了社会和物质关系（Rosa，2010）。因此，在讨论"社会创业为何是创业"和"社会创业如何体现社会性"（Peredo & McLean，2006，pp.57–59）时，我们还应认识到现代性对社会的影响。

因此，为了回答以下研究问题——"成都社会企业生态系统中的社会企业的发展面临哪些挑战"，本研究将聚焦于成都的社会企业生态系统，它具体指的是支持社会企业从集群中获益的一种特定类型的环境，包括受益人和客户、政府、资助者、孵化组织和同行组织等。

本书第一部分，涉及社会创业的概念。读者将了解社会创业的混合性质、社会创业发展过程中的两个学派（社会创新学派和社会企业学派）的立场以及我国的相关研究。本部分还介绍了研究的方法。这是一项多案例研究，采用定性研究方法，包括问卷调查、访谈、焦点小组和实地考察。研究样本包括成都市截至 2019 年所有通过认证的四家文化类社会企业、一家本地社区型社会企业和一家全国性社会企业。我们选择经认证的文化类社会企业作为主要研究样本，是因为它们反映了法兰克福学派文化批判所遵循的时间视角中的特定张力。成都社会企业生态系统中的文化类社会企业都从事着保护和弘扬传统文化的工作。因此，有必要进一步探究传统文化是如何通过它们这样的载体去进行创造性转化和现代性转型的。这些社会企业在此生态系统中遇到的内外部挑战，其实蕴藏着深厚的人文精神，有可能与现代科技理性文化形成互补和对抗。同时，随着近年来政府部门角色的转变，以及鼓励多元社会力量参与提供社会服务，这些文化类社会企业承担了更多的职能，也在近年来变得更具活力。

本书第二部分，涉及社会企业在我国和成都市的实践。书中介绍并描述了成都社会企业生态系统的结构，以及政府在该生态系统中不断变化的角色。读者将了解到社会企业生态系统是如何在政策驱动的环境中形成和发展的。

本书第三部分，包括本研究在组织层面社会企业以及在系统层面社会企业生态系统中发现的问题。基于以上发现，在罗萨社会加速理论（其遵循着法兰克福学派批判理论传统）的框架下，我们进一步分析了社会企业生态系统的两种批判形式：政治、经济和文化方面不同步的功能批判；道德（认证制度的两面性）和伦理（薄弱的"接入点"和理想化的"共鸣"）方面的规范批判。在本部分的最后一章，我们将通过这一研究探讨我国现代性的基本主题，并探索批判理论的本土化。

第一章

对社会企业现象的研究

自 20 世纪 90 年代初以来，社会创业越来越受到公众的关注。这个研究领域强调创业的社会维度的重要性，并在一定程度上扩展了创业在社会层面上的影响力。社会创业有各种定义，涵盖了社会创业的特征（Dees, 2001）、社会创业的过程（Martin & Osberg, 2007）以及社会创业带来的结果（Mair & Marti, 2006）。

一、社会创业的核心内容

"社会创业"的概念起源于 20 世纪 50 年代（Bowen, 1953），在过去的二十年中，针对社会创业的研究已经成为独立且有影响力的文献流派。社会创业的出现源于市场、政府和公共福利部门的"三重失灵"。首先，尽管巨大的社会需求创造了市场机会，但这些机会通常表现出时间紧迫、成本高昂等特征（Zahra 等，2008），大大降低了追求利润最大化的商业企业家进入此类市场的可能性。此外，在社会领域，社会需求远多于现有资源，其最终消费者通常缺乏有效的支付能力（Austin

等，2006），这也限制了商业市场实体的进入。这些未得到满足的需求催生了社会创业，他们将社会使命放在首位。同时，政府扮演了多重角色，但因掌握资源有限，其更有可能将有限的资源投入那些结果确定性较高的社会需求中。由于方法上存在限制，政府部门很难准确地识别那些迫切的社会需求。因此，社会创业会通过创新方式解决社会问题、满足社会需求，并投入较少的资源获得更大的社会效益。最后，作为第三部门的非营利组织，长期以来依赖捐赠，但因捐款资金不断减少，导致其财务日益陷入困境，它们在应对不断增加的社会需求方面存在着困难。而社会创业将社会价值作为主要目标，同时倡导使用商业／创新方法来解决社会问题。它有助于解决市场、政府和公共福利部门可能忽视或未能充分解决的社会问题。

学者们试图详细、准确地描述社会创业的核心内容（Dees，2001；Dees & Anderson，2006）。然而，自从 Nicholls（2010）指出"对这个术语的确切含义并没有明确的共识"以来，明确的共识一直没有达成。社会创业的学术研究一直聚焦于"对该领域的定义、理论和方法论中的难点进行大量辩论"（Saebi，Foss & Linder，2019）。Saebi、Foss 和 Linder（2019）认为，关于社会创业的文献之所以难以把握，是因为"现象和方法的本质不同"。从这个意义上说，社会创业本质上是一门跨学科的领域（Pierre，Friedrichs & Wincent，2014）。许多优秀的综述文章已经专注于研究该领域内的特定问题，它们为社会创业研究知识体系的构建做出了贡献。这些文章主要涉及以下问题：社会创业概念的各种定义（Lundstrøm & Zhou，2014）、社会创新架构（Austin 等，2006）以及社会创业与社会创新的关系

（Inoue，2020）、社会企业概念（Meyskens 等，2010）、社会创业的文献计量学（Pierre，Friedrichs & Wincent，2014）、社会创业的变革影响以及社会影响的测量。

虽然对于社会创业没有一个达成一致的定义，但创造社会价值和经济价值的双重使命反映了社会创业的核心特征，这一点已经得到许多学者的认可（Dees，2001）。根据 Trivedi（2010）的研究，对社会创业的定义，耗费的精力通常集中在社会创业的特征、社会创业的过程以及社会创业带来的结果（社会企业的双重使命）上。这与 Saebi、Foss 和 Linder（2019）的发现一致，他们在对 395 篇社会创业同行评审文章进行研究后发现，"大多数定义强调将社会使命与创业活动相结合"（Saebi，Foss & Linder，2019，p.3）。

许多学者试图确认和定义社会创业的特征。他们（社会企业家）通常被认为具有企业家精神，但也与亲社会行为相关联（Austin 等，2006；Peredo & McLean，2006；Martin & Osberg，2007）。他们与商业企业家具有许多共同的特征，比如活力四射、坚持不懈、赋能创新、当机立断、趁热打铁和足智多谋（Austin，2006）等，但他们之间的主要区别，在于机会和使命的本质不同（Austin 等，2006）。市场失灵可能成为商业企业家有效运作的障碍，但社会创业可以识别机会并创造社会价值。社会创业必须具备"较强的道德素质、有效的道德行为和社会道德动机"（Saebi，Foss & Linder，2019，p.9）。此外，Hwee 和 Shamuganathan（2010）确定了一些区分社会创业和拥有良好良知的个人或组织的特征；两位学者承认社会创业的这些特征受到个体自身社会化和教育的影响，但他们也认为社会创业有着不同的关注重点：社会创业更侧重权衡社会抱负、可持续发展、社会网络、创新和回报。

同样，社会创业的过程包括"开创性地利用资源组合追求机会，旨在创造能够产生和维持社会效益的组织和/或实践"（Mair & Noboa，2006，p.122）。它包括识别、利用和实现机会。

机会识别是创业活动的核心概念（Austin 等，2006）。机会识别是社会创业的起点，而可以识别社会机会，可以被视为社会创业创造解决社会问题的能力。商业机会和社会机会在创业活动中的一个主要区别在于，商业企业往往关注新突破、新需求，而社会企业常常通过创新，更有效地满足基本和长期需求（Austin 等，2006）。Zahra 等（2008）提出了社会机会的五个关键特征：普遍性、相关性、紧迫性、可及性和激进性。普遍性指的是社会中普遍存在的人类需求，这是社会机会存在的主要原因；相关性是指企业家的背景、价值观、技能和资源与机会的匹配程度；紧迫性是指企业家对不可预测事件的快速、及时的反应；可及性是指通过传统福利机制解决社会问题的难度水平；激进性是指解决特定社会问题需要进行重大创新和社会变革（因为社会企业与传统福利组织不同）。刘志阳、李斌和陈和午（2018）指出这五个标准也区分了社会机会和商业机会。他们观察到，虽然相关性也是商业创业的一个标准，但其他四个标准明显是特别适用于社会创业的关键特征。

关于社会创业过程中社会机会的发展，学界广泛讨论了三个主要方面：合法性建构、资源调动和社会创新。

合法性建构。Suchman（1995）将"合法性"定义为"对一个实体行为的普遍看法或假设，在某种社会构建的规范、价值观、信仰和定义体系内，这些行为是社会上希望的、恰当或适当的"（p.574）。从制度角度看，合法性是组织获得和维持资源的手段（Oliver，1991）。组织中的管理者会适应环境，使组织满足社会期望，并从这个合法性过程中获益（Dart，2004）。Suchman（1995）还制定了获得、维持和修复三种不同类型合法性的策略：实用合法性、道德合法性和认知合法性。在这些合法性类型中，道德合法性指的是这样一种合法性："是以对焦点组织的活动是否正确（相对于外部规范）进行评估，而不是看它是否特别有益于做出评估的人"（p.579）。Dart（2004）赞同道德合法性，因为它"不仅为社会创业的整体出现提供了解释，还洞察、预测了社会创业的概念和实践的潜在轨迹"（p.420）。关于社会创业如何获得其合法性，现有的研究描述了利益相关者参与、跨部门合作等策略。例如，如果社会创业能够有效地将各方利益相关者纳入组织决策中，则不仅有助于提高组织的竞争优势，还有助于赢得合法性。

资源调动。与商业创业相比，社会创业面临更严重的资源约束。社会使命与经济回报之间的冲突、利润分配的限制以及缺乏制度环境都限制了社会创业的资源获取（刘志阳、李斌 & 陈和午，2018）。在社会创业如何动员资源方面，社会网络发挥着重要作用。社会企业与许多公司、公共机构和其他社会企业建立共生合作关系，以确保获取稀缺资源（Meyskens 等，2010）。这种共生关系指的是不同类型实体的相互依赖，社会成员从其他实体的存在中获益（Aldrich & Martinez，2001）。此外，Desa 和 Basu（2013）研究了资源动员的两个过程：优化和拼凑。"拼凑"可以定义为"通过将手头的资源组合应用于新问题和机会"（Baker & Nelson, 2005, p.333）。Di Domenico等（2010）在社会创业的背景下研究了"拼凑"，并确定了与社会拼凑相关的进一步建构。当资源稀缺时，社会拼凑可以重新配置和转换现有资源，这与资源优化不同。这意味着社会创业对目标有清晰的想法，知道他们需要什么资源来实现目标，并以市场价值寻找和获取这些资源。在社会创业中，对金融资源的动员也越来越受到关注。公益创投已成为社会企业融资的主要渠道。公益创投者的参与可以帮助提高社会企业的绩效，并扩大它们获取资源的途径。

社会创新。社会创新可以满足市场机制未能满足的需求。Zhou（2015）认为社会创新应该成为社会政策的重点。社会创新理论推动了围绕社会创业和社会企业的相关理论进行整合并引发争议，并在20世纪90年代促成了几个代表性学派的形成。其中，社会创新学派和社会企业学派主要源于对社会企业实践和社会企业创业概念不同的理解。社会创新学派由Gregory Dees发起，他基于Jean Baptiste Say、Peter Drucker和Howard Stevenson提出的创业理念构建了社会企业理论。社会企业理论融合了Say强调的价值创造中的责任、Drucker强调的机遇追求和Stevenson强调的资源以及其他特征，提出了社会企业的概念。Dees强调，社会创业采用新的或更好的方法来解决社会问题或满足社会需求。社会企业的形式不限于营利性或非营利组织，故而可以产生大规模、持续和系统的社会变革。Dees关于社会企业的理论，将社会创业视为创新源泉和促进社会变革的主要动力，并以此为理论基础；因此，他的学派被称为"社会创新学派"。然而，Jerr Boschee和Jim McClurg对社会创新学派的理论提出了另一种观点。他们认为，如果非营利组织不采用营收策略并且不通过自身活动产生收入，那么这样的非营利组织只能被认为是做得好或具有创新性，但不能被视为社会企业。他们认为，Dees 等人（2004）对社会企业的定义只强调了社会企业中的创新，但创新与社会企业并不等同。他们提出的理论被称为"社会企业学派"，强调采用营收策略来实现社会企业的社会使命，运用市场方法来解决社会问题，并追求经济收入和社会回报的双重价值，以实现组织的可持续发展和解决社会问题。在上述两个学派的基础上，Dees 和 Anderson（2006）继续完善了他们以前的观点，指出社会企业创业涉及创新、社会影响、社会价值和社会目标，而不仅仅是通过赚取收入来完成社会使命。他们认为过度强调营收策略会限制思维，并使人们分散注意力，而忽视了社会影响和利用创新方法开发资源等重要目标。他们坚持认为社会企业应该通过将企业和慈善方法整合来进行创新，以创造可持续的社会价值。即使通过营收策略来获得社会影响，也有必要鼓励使用创新的经济策略，使社会组织能够更有效地创造社会价值并服务社会目标。他们认为创新的主要目的必须是给社会带来利益，并以可持续或可传播的方式增加社会价值。此外，"社会变革学派"也是关于社会企业和社会创新的重要观点来源。该学派强调社会创业的利他动机及其促进社会发展的愿景，以及社会创业在促进社会体系变革、改变行为模式和观念方面发挥的革命性作用。

在这种背景下，Phills、Deiglmeier 和 Miller（2008）将"社会创新"定义为"对社会问题的一种新型解决方案，比现有的解决方案更有效、更高效、更可持续或更公正，其创造的价值主要为整个社会而非个人所有"（p.36）。围绕上述三个学派（社会创新学派、社会企业学派和社会变革学派）强调的要素，Zhou（2015）对社会创新理论进行了精炼，包括以下五个要素：

（1）社会创新致力于推动社会变革和追求社会正义，其目标是解决社会问题、创造社会价值和产生社会影响。

（2）社会创新以资源为手段解决社会问题。社会创新的模式多样化（营利性、非营利性或混合型），不限于第三部门。社会企业采用商业企业模式来获得收入，满足社会需求，解决社会问题或提供社会服务，而这只是其中的一种创新方式。社会企业也可以采用任何其他创新方法来开发或利用资源，追求最终目标和使命，促进社会变革和社会正义，以及实现社会良好治理。它不局限于使用特定方法来实现以上社会目标。

（3）社会创新强调非营利组织、企业和政府的合作治理。它强调治理结构的创新。

（4）社会创新强调包容性。例如，社会企业应该具有普遍可参与性的特质，要求所有受到活动影响的人都能参与（Defourny，2014）。

（5）社会创新强调可扩展性和可持续性。

实现社会企业机遇从纯粹的社会意义，逐渐转变为社会经济意义（Mair & Marti，2006）。刘志阳、李斌和陈和午（2018）指出，这种实现主要体现在组织和制度体系两个方面。在组织方面，实现社会企业机遇体现在成立社会企业或新型公益组织上。社会企业的混合性质决定了它们有两类不同的利益相关者，这两类相关者追求社会价值和经济价值。社会企业的使命更选，可能来自不同利益相关者需求的压力，或者来自商业化的压力；因此，其重点可能转向追求经济利润。战略管理、市场能力、创收策略以及吸引利益相关者和获得政府支持的能力对社会企业的可持续发展非常重要。在制度体系方面，社会企业机遇的实现，主要在于社会企业活动对区域和社会发展的影响。现有研究表明，社会企业运用可持续发展的方法促进解决社会问题，有效整合商业创业和公益各自的优势，能够有助于减贫、赋权边缘群体、实现社会变革，促进区域和社区发展（Evans & Syrett，2007；Si 等，2020）。

通过对大量社会企业文献的回顾，Saebi 、Foss 和 Linder（2019）发现一些关键概念有时会被交替使用。社会企业的概念在其融合社会和经济使命方面具有独特性，这使得它与其他相关概念，如企业社会责任、非营利组织、可持续创业和政治 / 公共创业有所不同（Saebi，Foss & Linder，2019）。了解这些概念之间的差异有助于进一步把握社会企业的异质性。

社会企业与企业社会责任。企业社会责任是将企业自我管理纳入商业模式的一种方式，强调公司在开展业务时的社会责任，以及倡导和鼓励维护公司的环境、消费者、员工和社区。"社会责任"在 20 世纪 60 年代末至 70 年代初被广泛应用。然而，Hockerts（2008）发现，在大多数公司中，企业社会责任只是减少内部风险和运营成本的工具。这在一定程度上是因为企业的社会意识与财务绩效之间的关联较弱（Lundstrom & Zhou，2014）。在传统意义上，商业企业是导致社会、经济和环境问题的主要因素之一。社会企业责任倡议仍然"属于公司追求利润最大化的目标，旨在增加股东价值"（Saebi，Foss &

Linder，2019，p.5）。此外，"CSR 不一定与企业家行动和创新相关，而通常表示组织的社会参与（例如，资助体育俱乐部或向社会组织捐款）"（Shepherd & Patzelt，2011，p.143）。

社会企业与非营利组织。非营利组织是为公共或集体利益而组织的，而非为了给所有者或投资者创造利润（Salamon，1999）。非营利组织与社会企业有一些相似的特点，例如，致力于创造社会价值；但它们不像社会企业那样面临社会和经济价值的制度逻辑冲突（Doherty 等，2014）。非营利组织可以进行最低限度的创收活动，而来自筹款和捐赠等活动的收入"通常相当少，并且与特定项目的持续时间相关"（Saebi，Foss & Linder，2019，p.5）。另外，即使社会企业具有相对较宽泛的定义和多样化的形式，Saebi、Foss 和 Linder（2019）仍指出，"要使非营利组织符合社会企业的资格，其收益创收活动必须具有长期战略，并具有可衡量的增长和收入目标"（p.5）。

社会企业与可持续创业。可持续创业是另一种追求双重使命的混合创业，也面临着与社会企业类似的紧张局势，例如，"企业家的双重身份（York，O'Neil & Sarasvathy，2016）或在混合企业中处理冲突的制度逻辑"（Saebi、Foss & Linder，2019，p.5）。可持续创业被定义为"发现、评估和开发在削弱可持续性的市场失灵中存在的经济机会，包括那些与环境相关的机会"（Dean & McMullen，2007，p.58）。可持续企业家将社会和环境问题联系在一起，并将可持续发展与社会、经济和环境方面的平衡联系起来（Dean & McMullen，2007；Shepherd 等，2011）。从这个角度来看，可持续企业家是商业企业家、社会创业和绿色企业家的结合体。然而，社会创业通过创新姿态回应社会问题，他们在经济上自给自足，并提供社会附加值（Dees，1998；Austin 等，2006；Mair & Marti，2006）。正如 Shepherd 等（2011）所指出的，关于社会企业的研究"探讨个人或社会的（非经济的）收益的发展，但不探讨维持当前的自然状态、生命支持来源和社区"（p.142）。

社会企业与政治 / 公共创业。政治 / 公共创业被认为有助于创新和改善公共部门（Pozen，2008）。关于这一现象的现有文献还使用了其他相关术语，如政策创业等。Olsson、Westlund 和 Larsson（2020）指出，这种创业常常具有"类似的起点：它们聚焦在试图利用政治系统来实施变革的个人、组织或社区"（p.2）。它处于创业和治理学科的交汇点。类似于社会企业，政治创业行为被认为应该归类在同样的概念框架内，即识别和评估机会，收集和动员资源，以及利用机会（Olsson，Westlund & Larsson，2020）。近年来，出现了将社会创业和政治创业直接结合在一起的这种行为的定义（McCaffrey & Salerno，2011）。Bergmann—Winberg（2014）指出，这两个创业方向的连接需要一种新的组合逻辑，特别是在多层次治理体系中机构实现的变革方面。

总的来说，笔者认同社会企业作为社会创业发起的具有社会目标 / 使命的创业过程，追求社会价值创造；社会创业的结果是社会企业，包括使用商业方法的社会事业和非营利组织（Lundstrom & Zhou，2014），其中"通过创新方式创立新企业或管理现有组织"（Zahra 等，2009，p.519）使社会企业与其他形式的社会或变革驱动活动有所区别。

二、社会企业

社会企业的概念因情境和研究问题而异（Meyskens 等，2010）。社会企业研究被定义为"整合资源和创造价值的创新方式"。这些新方式主要试图通过激发社会变革或满足社会需求来寻找和抓住机会创造社会价值（Mair & Marti，2009），强调社会问题、社会价值和现有经济、组织、社会和环境解决方案的可持续性等关键属性（Pierre，Friedrichs & Wincent，2014）。在解释社会企业及其发展方面，存在多种理论。Teasdale（2012）总结了以下四种理论：政府和市场失灵理论、系统理论、资源依赖理论和志愿失灵理论。Laurent Tran（2013）提出了社会资本理论，Murray 和 Hwang（2011）提出了品牌理论。此外，制度理论作为组织的社会学理论，其前提是将组织看作对社会和文化环境开放的系统（Scott，1992），包含其中的规范、迷思和符号（Meyer & Rowan，1977）。除了使用传统的理性和经济模型（如社会经济视角）之外，Dart（2004，p.421）认为"社会学原因——制度理论将其归结为符合焦点组织更广泛的社会环境中的思想和价值观，以便被贴上合法和社会可接受的标签——已被分层次地解释为实用主义、道德和认知形式的合法性"，其中，道德合法性对社会企业的出现做出了最有力的解释。根据 Suchman（1995）对合法性的分类，道德合法性是指"合法性是规范性的，并基于对焦点组织的某项活动是否适当（相对于外部规范）进行评估，而不是基于该活动是否具体有利于评价者"（Dart，2004，pp.416–417）。

作为社会创业的产物，社会企业通常被定义为"一个以明确社会目标为基础的混合组织（Doherty 等，2014），其致力于

以创业 / 创新的方式创造社会价值并同时保证收益"（Saebi，Foss & Linder，2018，p.4）。社会企业被认为能够"通过将困难群体重新融入劳动力市场并向弱势群体提供公益服务（不仅仅是慈善救助服务）来减少社会排斥；在当地创造就业机会，并增加社会资本和公民参与，从而创造更可持续的社区"（经合组织，2009，p.7）。然而，尽管社会企业和社会创业的研究本质上是跨学科领域研究（Pierre，Fredrics & Wincent，2014），社会创业促进中心（CASE）（2008）提议区分"注重创新的社会创业"和"注重利用商业方式创收的社会企业"，则更为接近社会企业学派的观点。

三、社会创业生态系统

以往对社会企业和社会企业家方面的研究，往往集中在微观层面（例如，个体社会企业家、机会识别等）、中观层面（例如，社会企业、创业团队和创业结果等）或宏观层面（例如，社会背景、制度背景和社会效应等）。然而，该领域仍亟需一种全面且系统的分析，以整合现有的知识和讨论。

Saebi、Foss 和 Linder（2019）指出，以往对社会企业的研究通常过于偏重低层次的分析，例如，从个体层面或制度层面进行分析。他们提出了一个"多阶段、多层次"的框架，旨在将社会企业领域内的现有研究联系起来；并阐明在分析层次上，对社会企业的洞见对其他层次有什么意义（Saebi，Foss & Linder，2019）。该框架（见图 1-1）的目的在于识别和整合社会企业领域的研究机会。

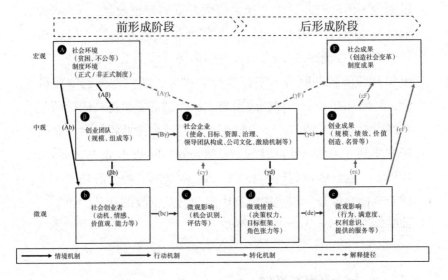

图 1-1　多阶段、多层次的社会企业框架

（资料来源：Saebi，Foss & Linder，2019，p.14）

　　该框架涵盖了 Hedström 和 Swedberg（1998）提出的三种机制，囊括宏观、中观和微观层面的分析。情境机制，指的是宏观环境对个体目标和使命的影响；行动-形成机制，指的是将这些目标和使命对行动者行为的影响联系在一起；转化机制，指的是解释这些行动者的行为如何共同推进宏观层面的结果。在该框架中，社会企业被划分为两个阶段：前形成阶段和后形成阶段。前形成阶段"对应于创建全新的混合商业模式，以解决社会问题，可以是创业项目或嵌入现有企业中"，而后形成阶段"涵盖了新企业或组织单位如何创造社会价值"（Saebi，Foss & Linder，2019，p.13）。该框架融合了三个层次的社会企业研究，分别为宏观层面构建（制度层面分析）、中观层面

（组织／团队层面分析）和微观层面（个体层面研究）。特别需要注意的是，虚线连接宏观层面的社会背景／制度背景与中观层面的社会企业，以及中观层面的社会企业与宏观层面的社会结果／制度结果（在图中分别标为 Aγ 和 γF）。Saebi、Foss 和 Linder（2019）认为，在许多社会企业工作中存在这些捷径链接，并且试图"解释社会和制度因素如何影响社会企业的特征，或直接将这些特征与社会创业所创造的社会变革联系起来"的研究可能会导致错误的结论，因为这种研究考虑了宏观、中观和微观层面之间的各种跨层次效应，但是考虑得并不充分。他们认为，只有多阶段、多层次的框架才能促进"不同领域之间的交流，并为社会企业提供更全面的理解"（Saebi, Foss & Linder, 2019, p.13）。

　　基于这一框架，Saebi、Foss 和 Linder（2019）就未来社会企业的研究提出了一系列涉及不同层面和层次之间关系的问题。以下是与本研究相关的一些重要问题和思考，笔者在问卷调查和访谈中也在一定程度上提及了这些问题。

　　前创业形成阶段的情境机制。哪些宏观层面的条件会"培育"出何种类型的社会企业家和社会企业？

　　前创业形成阶段的行动-形成机制。需要对中观层面的行动-形成机制（βγ）进行更多研究。例如，许多研究社会企业的文献忽视了创业团队在社会企业的形成和成长中的作用，而只关注初创企业家本身（Short 等，2009）。

　　前创业形成阶段的转化机制。个体层面的行动如何汇聚成社会企业的关键特征，例如，企业的目标和预期规模（Zahra 等，2009）、采用的商业模式（见图 1-1）或法律形式（Haigh 等，2015）。最重要的是，这种研究应该建立在跨层次机制之上。

后创业形成阶段的情境机制。对于如"B Corp"认证等满足特定社会和环境绩效标准的公司，需要研究"这种分类对社会企业家选择追求何种利他机会以及这类社会企业认证对社会企业的经理和员工在行为，并最终在企业扩张性和成功方面有何影响"（Saebi，Foss & Linder，2019，p.18）。

为了更好地回答上述问题，社会企业研究者应该在多个层次和多个阶段进行考察。此外，发展系统性思维方式也至关重要。在接下来的部分，我们将介绍和讨论社会企业生态系统的概念，它在很大程度上反映了这种全面的视角。

基于上述关注，CASE（2008）提出社会企业领域的范畴涵盖了两个紧密相关的要素：实践和知识的社区，以及生态系统。Wenger、McDermott 和 Snyder（2002）将社区实践定义为：

> 对某一主题有共同的关注、共同的问题或共同的
> 热情，并通过持续互动加深对该领域的了解和专业知
> 识的群体。（p.4）

CASE（2008）强调了这种社区的重要性，指出没有一个活跃的实践和知识社区，社会企业领域就无法存在。如何在不解构社区的前提下明确社会企业的定义，并在不同愿景中找到共同点，是一项重大挑战，这种挑战一定程度上反映在定义的争议中，以及在不同的价值观和成功愿景中（CASE，2008）。正如 CASE（2008）所解释的：

> 我们面临的挑战是找到既能提高精确度和清晰
> 度，又能允许健康的分歧、尊重不同观点，同时还能

纳入足够多的支持者，以推动这一领域向前发展的定义解决方案。过于宽泛的定义会削弱社区的关注度，而过于狭隘的定义又会将太多的人排除在外，导致该领域"过于特殊"，无法引起主流关注。（p.5）

也就是说，我们需要一个"大帐篷"的概念，这个"大帐篷"可以容纳社会企业、社会创新和社会部门创业，目的是让人们更专注地讨论这个主题，吸引重要的人一起参与，同时也让大家有更多的机会互相学习。CASE在2008年提出了这个"大帐篷"的概念，认为它应该包括社会企业和社会创新，但他们也明白仅仅有一个"大帐篷"可能不足以让这个社区变得可信和富有成效。因为如果参与者之间的交流不协调，对一些名词的定义差异太大，大家就很难互相学习。所以他们认为在定义、理论和研究上要更加准确，这样大家才能更好地交流。CASE相信，只要大家以尊重的方式表达分歧，这些分歧就可以成为社区健康发展的一部分（CASE，2008，p.13）。

CASE（2008）指出，社会创业领域的另一个与社区实践和知识紧密相关的要素是生态系统。在20世纪80年代和90年代，创业研究从个人主义、基于个性的研究逐渐转向了更广泛的社区视角，将文化、社会和经济力量纳入创业过程；正是在这个时期，创业生态系统开始兴起（Steyaert & Katz，2004）。创业生态系统理论"概述了对支持企业从集群中获益的特定类型环境的整体理解"（Pratono & Sutanti，2016，p.107）。此外，组织生态学理论为这一概念提供了理论基础，利用生态学和其他相关学科的理论和方法来研究组织结构及其环境影响。该理论表明，组织生态系统是由组织社区与其环境的相互作用形成的，其中包括营利性企业和其他非营利组织。组织生态学理解组织建立涉及两个基本方面：生态过程和制度过程。生态过程主要分析关系密度与组织建立率之间的关系；制度过程强调合法性、社会支持等因素对组织建立成功率的影响。李健（2018）指出，生态系统视角不仅关注单个核心创造者的重要性，还关注核心创新者与其他提供辅助服务的供应商、客户和组织之间的互动。生态系统特别强调价值创造和创新（Autio & Thomas，2014）。从这个意义上讲，生态系统被描述为"影响社会企业家实现预期社会影响能力的环境因素"（CASE，2008，p.14）。

根据 CASE（2008）的观点，社会企业生态系统包括三个核心组成部分：（1）基础设施；（2）背景因素；以及（3）社会企业家及其组织。此外，该生态系统中还确定了五个关键的杠杆点：（1）使金融市场更高效、响应更快；（2）完善和标准化绩效测量工具；（3）帮助社会企业家找到有效的扩展途径；（4）构建新的人才储备；以及（5）提供更好的有效商业模式指导（CASE，2008）。至于社区实践和知识与生态系统之间的关系——一个运作良好的社区可以作为改善生态系统、使其更高效和有效的平台。同样，社会企业生态系统是指"支持社会企业从集群中获益的一种特定环境，其中包括受益人和客户、政府、资助者、扶持组织和同行组织"（Mason & Brown，2014）。许多学者都认为，社会企业的发展需要建立一个完整的生态系统，在这个生态系统中，政府可以通过多种方式为社会企业提供帮助和解决方案。

第二章
国内研究现状

近年来，中国国内理论研究的主流通常沿袭了经济危机后西方社会提出的从"企业社会责任"演变到"社会企业"和"社会创业"的发展轨迹，但对中国自身社会企业经验的系统深入研究方面存在不足（温铁军，2019）。与此同时，关于社会企业的价值观和社会贡献、创立和运营管理以及绩效评估等相关理论也处于相对初级的水平。此外，大量文献强调政策促进社会企业发展的必要性。这类研究主要关注引入不同国家和地区的社会企业发展经验（陈雅丽，2014；官有垣，2007；徐君，2012；金仁仙，2015）。学者和研究人员已经讨论了社会企业的定义和范围，以及支持性政府政策内容和体系。袁瑞军（2019）进一步总结了中国社会企业发展的特点，并强调我国社会企业的发展有着较为明显的政策驱动模式。

一、主要考虑因素

近年来，中国国内对社会企业的研究主要涵盖五个主要方向。第一个方向，由来自多所大学的30名学者组成的团队（以北京大学的袁瑞军为首）提出，他们探讨了什么是社会企业，推动社会企业的认证并试图为中国构建一个社会企业理论体系。第二个方向，由中央民族大学的李健主持的"全球社会企业支持政策"研究，他研究了34个国家的政府对社会企业发展的资助和支持情况。第三个方向，由印第安纳大学的王群主持的社会影响投资研究，旨在阐明投资界如何投资社会企业。第四个方向，由对外经济贸易大学的金仁仙主持的中国、日本和韩国社会企业发展路径的比较研究，旨在发现基于亚洲特色的区域社会企业发展的有效实践。第五个方向，由中国人民大学尤努斯社会事业与微型金融研究中心的赵萌进行的关于中国社会创业的案例研究。中国学者达成的共识是，中国社会企业的发展目前仍处于初级阶段。

关于中国社会企业发展，已经出现了四个受到广泛关注的学派。第一个学派的学者和从业者认为，在当前阶段，不应对社会企业的认证或身份标签申请进行规定，因为这类企业在中国仍处于发展初期。南都公益基金会的徐永光（2017）的观点可以代表这个学派，他认为，由于中国的社会创新生态链尚未完善，如何制定中国社会企业认证标准将对中国社会企业的可持续性发展产生重大影响。目前全球范围内没有统一的社会企业标准，中国也无法做到统一认证。应该允许制定不同的规范，这些规范可以是很宽松的，也可以是很严格的。该学派提供的一个例子是，由于韩国2006年颁布的《社会企业促进法》（SEPA）条件严格，许多社会企业无法注册，导致一些潜在的社会企业丧失注册意愿，这就在一定程度上阻碍了产业发展初期所需的多样性。因此，南都公益基金会提出的社会企业定义，表达了他们支持市场化和相对宽松规定的观点：

社会企业是指通过商业模式解决社会环境问题的组织。在通过产品和服务提供价值的过程中，该组织将社会/环境价值融入其价值链的一个或多个环节，使产品或服务具有社会/环境价值。（南都公益基金会，2019，p.25）

虽然徐永光（2017）引用了英国文化协会所指出的新趋势，即由于部门之间的边界变得模糊不清，政府、资助者和投资者将不再基于法律结构来定义社会企业，而是开始根据社会投资回报来区分机构性质。重点将不再是如何定义社会企业，而是如何识别、评估和比较社会影响。

第二个学派试图在中国推广美国的 B Corp 认证。获得认证的公司是"满足经过验证的社会和环境绩效、公开透明度以及在追求利润和目标之间保持平衡的最高标准的企业"（B Lab，n.d.）。由乐平社会企业基金会的 CEO 沈东曙为代表，该学派将 B Corp 引入中国，从而推动了商业向善。然而，这种引进也引发了许多批评，有学者和从业者指出，如果不对具体认证标准进行针对性修改调整，B Corp 认证无法符合中国的具体情况。李北伟（2018）据此认为，在未来几十年内，这个学派在国内可能会产生一定影响，但从长远来看，当中国拥有自己成熟的认证体系标准时，这个学派将会逐渐边缘化并被淘汰出局。

二、国内学者对社会企业的研究

在中国社会企业发展领域，另一个学派的代表学者是中国人民大学尤努斯社会事业与微型金融研究中心的副教授兼主任赵萌。与前述学派相比，赵萌（2018）认为社会企业应具备明确定义的基本属性，他将其总结为两点：首先，社会企业应具备创业精神；其次，应确保社会目的不会漂移。在中国社会企业的发展阶段，该学派所理解的社会企业与商业企业的本质差异，在于是否存在有效机制确保社会目的不会漂移。赵萌根据社会–商业视角将社会企业分为以下三类。

（1）将社会目的放在首位（合作社、协会、非营利贸易型组织、社区企业、发展信托和公平贸易组织）。

（2）社会–商业平衡（B Corp、L3C [低利润有限责任公司]、灵活目的公司、社区权益公司）。

（3）仅追求社会目的（非营利公司、慈善组织）。

赵萌分析了社会–商业视角的局限性，他主张采用创业视角来理解和识别社会企业。根据这一方法，社会企业的类型及其"内涵"可以通过分析其核心创业要素的组合来确定，赵萌将其划分为四类：社会属性要素、商业属性要素、社会创业安全要素和社会创业能力要素（详见表2–1）。

表 2-1　核心创业要素及其子类型

核心创业要素	核心创业要素的子类型
社会属性要素	社会使命 / 价值
	社会目标 / 影响
	非营利属性
商业属性要素	收入来源
	商业逻辑 / 价值
	商业目标 / 影响
	财务可持续性
	商业活动 / 模式
社会创业安全要素	治理结构
	利润分红模式
	身份认同
社会创业能力要素	创新
	机会识别

（资料来源：赵萌，2018，p.9；由笔者编辑）

与常见的二元分析视角（社会－商业视角）相比，这种创业视角在内涵一致性、组织类型的包容性以及对理解社会企业个体差异的区分上具有优势。考虑到中国社会企业的发展仍处于初级阶段，并且人们对社会企业的内涵和边界有不同的理解，赵萌期望基于创业视角的社会企业的定义、框架可以为中国社会企业的发展提供理论基础。通过理论研究和案例分析，提出社会企业的定义、框架，可以为中国社会企业更深入的讨论、研究和实践提供较为严谨的话语基础和知识基础（赵萌，2018）。

这个定义框架包括两个部分：判断标准和区分标准。判断标准包括四个方面：（1）以社会为导向的组织使命；（2）识别变革机会的能力；（3）创新社会问题解决模式（社会企业采用与传统慈善模式不同的社会问题解决方案，包括财务可持续性和新颖性）；（4）社会使命的稳定性。一个组织／企业只有同时满足这四个方面，才能被判断为社会企业。在以上标准的基础上，赵萌这样定义社会企业：

> 社会企业是以解决社会问题为使命的组织，有能力发现政府和市场双重失灵带来的变革机会。它具有不同于传统慈善机构的创新性解决问题的模式，并有行为或机制来保护其社会使命，免受追求商业目标的损害。（赵萌，2018，p.25）

赵萌进一步制定了中国社会企业的分类框架。区分标准用于区分进入社会企业范畴的组织类型：组织形式、收入模式和分红政策。这三个标准将社会企业划分为两大类：以慈善为基础的社会企业和以市场为基础的社会企业。以市场为基础的社会企业又分为三种类型：创收型非营利组织、社会目的公司和社会事业。这些类型的社会企业符合四个判断标准，将它们与其他双重底线公司（例如，低盈利有限责任公司和灵活目的公司）以及传统企业社会责任区分开来。表2-2详细解释了赵萌的社会企业分类框架。

表 2-2　社会企业分类框架

	社会企业					双重底线公司	传统企业社会责任
	公益型		市场型				
	创新公益类别（与依赖政府资金的传统慈善活动不同）	创新慈善（与依赖私人资金或捐赠的传统慈善活动不同）	赚取收入的公益组织	社会目的公司（包括社会企业的 B 型公司）	社会事业		
四个判断标准	√	√	√	√	√	×	×
区分标准：组织形式	社会组织	社会组织	社会组织	公司	公司	公司	公司
区分标准：收入来源	无市场经营收入，主要依赖政府预算或政府购买服务	无市场经营收入，主要依赖外部私人捐赠或资助	不仅依赖政府资助、政府购买、私人捐赠或私人资助，也依赖市场经营收入。两部分比例不受限制	完全或主要依赖市场经营收入，允许少部分政府资助、政府购买、私人捐赠或私人资助	全部依赖市场经营收入	全部依赖市场经营收入	全部依赖市场经营收入
区分标准：利润分配政策	无分红	无分红	无分红	灵活的分红政策：可以限制或不限制分红	自愿以机制形式保障不分红	无分红限制	无分红限制

（资料来源：赵萌，2018，p.14；由笔者编辑）

同时，赵萌还总结了中国社会企业常见问题解决方案（见表2-3）。

表2-3 中国社会企业常见问题解决方案

模式	描述	例子
创业支持	为目标群体提供产品或开发能力，通过产品或服务的销售增加其收入	小额贷款、咨询或技术支持
市场代理	向目标群体购买产品或服务，并在市场上销售	供应合作社，通常涉及农业和手工业领域
就业	为目标群体提供就业机会或职业培训，并在市场上销售其产品或服务	支持青年和残障人士的就业
收费服务	在政府和市场失灵领域提供新型的有偿社会服务，包括教育、医疗和养老	少数民族文化博物馆或老年人互助服务
面向低收入群体	针对低收入客户，提供高质量且价格较低的产品或服务	医疗保健、公共设施的使用
合作社	为合作社成员提供市场信息、技术支持、集体谈判、批量采购、产品/服务获取、市场进入等服务	大宗采购、集体谈判、农业合作社等
市场链接	通过提供市场信息和市场研究等服务，将目标群体与市场联系起来	进出口、市场研究和代理服务
交叉补贴	通过向高收入群体提供收费服务，来补贴为低收入群体提供类似但免费的服务	咨询、心理咨询、就业培训、租赁、印刷服务等
组织支持	成立营利性企业和非营利组织（两者通常提供不同性质的服务）。利用前者的收入在市场上销售产品或服务，以支持后者的社会目的	类似于服务补贴——依靠盈利资产补贴非营利活动

（资料来源：赵萌，2018，pp.12-13；由笔者编辑）

中国社会企业的上述模式与Saebi、Foss和Linder（2019）所开展的社会企业分类研究相吻合。从广泛的社会企业文献中汲取经验，Saebi、Foss和Linder（2019）发现通常有两个维度可用于区分社会企业活动。第一个维度是与受益人在社会价值方面的关系，更具体地说，是"社会价值是为受益人创造还是与受益人共创"；第二个维度是"社会和商业活动之间的整合程度"（Saebi，Foss & Linder，2019，p.6）。针对这两个维度，他们提出了一个社会企业分类的模型（见表2-4）。

表 2-4　社会创业的分类模型

		社会使命	
		"为"受益者（受益者是唯一的接受者）	"和"受益者（受益者是价值创造过程的一部分）
经济使命	区分（商业收入交叉补贴社会使命）	（象限 A）双边价值模式	（象限 B）市场导向的工作模式
	整合（受益人是付钱的顾客）	（象限 C）单边价值模式	（象限 D）社会导向的工作模式

（资料来源：Saebi, Foss & Linder，2019，p.7）

　　我们可以看到，这个分类模型将社会企业划分为四个象限并进行了描述。双边价值模式（象限 A），也称为"买一赠一"模式，在这种模式中，消费者通过购买社会企业 / 组织的产品或服务来对其社会使命进行交叉资助。例如，社会企业Mantra 在经营太阳镜业务时就采用了这种特殊模式。通过"买一赠一"模式，每售出一副太阳镜，Mantra 将为我国有视力问题的三千万农村儿童提供一副免费的近视眼镜。在象限 A 中，具体的商业模式可能有所不同。一些社会企业 / 组织 "自己生产捐赠物品，并依靠非营利伙伴分销产品"（Marquis & Park，2014，p.31），而另一些社会企业 / 组织则 "向其伙伴组织捐赠单一物品的配套资金，然后由伙伴组织采购和分销产品"（p.31）。Mantra 的模式属于后者。它与"点亮眼睛"（Education in Sight）紧密合作，这是一个非营利组织，其核心管理团队与 Mantra 相同，致力于培训教师，并与地方合作伙伴合作，在农村学校为儿童提供免费视力检查、眼镜和眼保健教育。Mantra 一直在使用这种交叉资助模式来完成其社会使命。象限 B 是市场导向的工作模式，其中社会企业／组织雇佣受益人生产产品／服务，并将其销售给普通支付的客户。例如，在农村创业扶贫领域，"黑土麦田"（SFC）雇佣当地贫困人口在农村合作社从事特定产品或服务的生产，并销售给一般市场；另一个例子是深圳喜憨儿洗车中心，致力于通过洗车为智障人士提供培训和就业机会。象限 C 代表单边价值模式，指的是社会企业／组织找到创新的方法来降低生产和交付成本，从而能够向需要帮助的人（即受益人）销售价格实惠的产品／服务（Ebrahim 等，2014）。孟加拉格莱珉银行就是这种模式的典型例子，它向孟加拉贫困人口提供无须抵押品的小额信贷。象限 D 是社会导向的工作模式。Saebi、Foss 和 Linder（2018）指出，这种模式可以看作单一价值模式的延伸，"其中受益人不仅是付费客户，还在社会企业中获得就业机会"（Saebi, Foss & Linder, 2019, p.7）。一个很好的例子是成都梦想骑行俱乐部，这是一个致力于在川藏公路上进行生命救援和环境保护的社会企业。成都梦想骑行俱乐部在了解客户核心需求的同时，开发价格合理的产品和服务，并聘请骑手参与设计和运营。

　　赵萌（2018）提出的定义和分类框架进一步整合了社会企业在个体和组织层面的特征，包括国内外涌现出的社会企业类型，并对类似领域中的企业社会责任和双重底线公司进行了具体区分。可以看出，赵萌对社会企业的定义也明显受到 Dees 提出的社会创新学派的影响，他强调了社会企业家精神和更多元化的组织形式，但较少强调社会企业家通过社会创业可以为社会变革带来什么影响。

在过去的几年中，社会企业认证学派引起了广泛关注。这个学派的学者和从业者认为，在中国社会企业的发展中建立认证体系具有重要意义。他们认为，认证制度是有效的手段，可以提高社会企业家的自我意识，以及资本、社会和政府对社会企业的理解，社会企业认证是构建整个社会企业生态系统的重要和关键的一环，也可以激励业界对社会企业的概念和实践形成必要的共识，并为社会企业的发展制定路线图。这个学派的代表学者包括北京大学的袁瑞军、亿方公益基金会的李北伟、中国慈展会的典春丽，以及社创星社会企业发展促进中心的夏璇。此外，像北京、成都和顺德等地方政府在过去五年内也建立了各自的认证体系。这个学派更注重社会创业实践，并将其纳入相关政策考量。

从中国社会企业研究的四个学派来看，赵萌（2018）的研究明确界定了社会企业的基本属性，并基于创业视角构建了社会企业的定义、框架，代表了中国在这一领域最新、最系统的研究结果。另外，社会认证学派强调政府的重要作用，将社会企业视为社会治理的关键组成部分。实践方面，在一些地方政府的指导和支持下，认证学派的理念通过与第三方认证机构和一些政府部门合作得以推广和发展，在区域治理中发挥着一定作用。而另外两个学派（"大帐篷"概念和"B Corp 认证"）可以分别看作认证学派的扩展版本和限制版本，因为在某种程度上，它们都为认证学派的进一步改进提供了启发。

第三章

研究方法

一、研究问题与理论框架

研究表明，在当前中国的社会治理工作中，社会企业研究被视为一个新的领域。目前，相关研究偏重文献综述，实证研究不足。究其原因，主要是缺乏实证研究所需的资料和经验（李健，2018）。实证研究包含研究者亲自到研究现场获取第一手资料，从而直接接近和感知研究对象，获得具体生动的感性认识，形成对问题的真切感受，有助于提高研究的可靠性。成都近年来在社会治理和社会创业领域的经验，可以为深入研究这一生态环境下的社会企业提供合适的案例研究机会。成都社会创业领域在由地方政府推动形成和发展的过程中，各利益相关方在达成共识和共同行动方面存在着各自的问题和困惑，反映了动态生态系统的复杂性和脆弱性。本实证研究旨在丰富社会企业的相关研究，为社会企业的发展提供更多的信息和经验。此外，研究者还将尝试对社会企业在某些文化和政治背景下的现代性和异化现象提供一些新的视角和思考。

本研究以成都市四家通过认证的文化领域社会企业为案例，由其视角切入该地区的社会创业领域，试图探究这些社会企业在社会创新机制中的演化过程和生态系统的动态变化。因此，我们提出了以下研究问题。

（1）成都目前的社会企业生态是怎样的？

（2）哪些因素对成都社会企业的发展构成了挑战？

（3）从现代性的角度，社会企业在该生态系统中是如何演化的？

本研究的概念框架如图3-1所示。在这个概念框架中，有三个相互链接的主要环路。社会经济理论和社会创新理论应用于实直线环路区域，企业生态理论和社会加速理论的概念则在虚线环路中进行了详细的讨论和探索，而共鸣理论有助于重构其转型阶段。

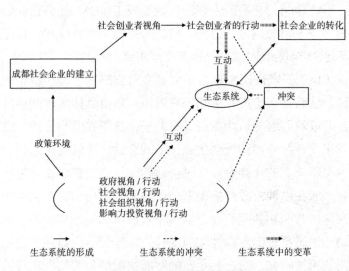

图3-1 研究概念框架图

二、研究方法

作者研究了成都四家获得认证的文化类社会企业。这些企

业获得了成都市的官方认证。社创星是经成都市工商局授权的
负责认证和评估的第三方机构，它将这些社会企业归类于文化
领域。本次调研是一项采用定性研究方法的多案例研究。数据
收集方法见表3-1。

表 3-1　数据清单

数据类型	数量	原始资料来源	目标受众
访谈	3	政府工作人员（1） 社区居委会主任（1） 社创星项目管理人员（1）	为此次研究分析服务
问卷调查和半结构访谈	4	4家认证文化类社会企业的创始人及管理者	为此次研究分析服务
焦点小组	1	政府工作人员（3） 社会企业孵化机构管理人员（1）	为此次研究分析服务
中国及成都的社会企业年度报告	2 （共558页）	南都公益基金会、成都工商局	一般公众、潜在社会企业、社会影响投资者
观察数据	大约6个月	调研笔记 3次社会企业认证说明会 为期两天的2019中国社会企业与社会投资论坛 8次实地考察当地认证社会企业 在当地一家文化社会企业全职工作了4个月（负责该社会企业申请的全过程）	为此次研究分析服务
新闻报道		主要新闻媒体	一般公众
成都市社会企业综合服务平台		成都市工商局	一般公众、潜在社会企业、社会影响投资者

　　使用多种方法对于深入了解所研究的现象非常重要。因此，
本研究采用了多种数据收集方法，包括实地观察、调查问卷、

深度访谈和焦点小组。

（一）第一阶段：进入社会企业

在这项研究中，我们希望了解成都获得认证的文化类社会企业的演变过程。厘清一家文化企业如何成为认证社会企业，这是非常必要的。笔者认为，参与社会企业认证申请过程有助于更好地了解社会企业家的动机，申请要求的具体细节，以及这些要求如何实际应用于某些类型的企业，参与申请的企业与当地政府、社区和负责社会企业评估的机构之间的互动，以及企业在申请过程中可能遇到的挑战。基于上述原因，我们决定寻找一家希望在 2019 年成为认证社会企业的文化企业，并作为全职员工，与他们一起完成整个申请过程。

成都市的社会企业认证工作采用循序渐进的方式，相关各方在政府的引导下，通过社会创新项目、观察型社会企业，以及中华慈展会、社创星等第三部门组织认证的社会企业的参与，形成了社会企业发展金字塔。据市工商局统计，截至 2019 年 3 月底，成都市共有观察型社会企业 300 余家。观察型社会企业是指成立一年以上，已申报社会企业章程，并经由当地社区推荐，对社会企业认证感兴趣，但对相关法律法规还不甚了解的企业。成都市工商局将为其提供咨询及协助。对于表现突出的观察型社会企业，将鼓励其申请成都市社会企业认证。

在这样的背景下，本研究希望能与一家已经成为观察型社会企业的文化企业合作。2019 年 4 月初，笔者一位在政府部门工作的朋友向研究者推荐了成都市金牛区的一家观察型文化类社会企业，并帮忙安排了研究者与该公司创始人及其负责人的会面。这家企业就是成都 M 文化传播有限公司。该企业由中国国家级非物质文化遗产藏羌织绣传承人杨女士创办，并一直由杨女士的儿子负责具体经营。笔者根据市工商局授权负责认证工作的第三部门组织社创星发布的申请指南，对 M 公司的情况进行了初步评估，认为该公司很有潜力成为成都市认证的社会企业。当笔者向杨女士及其子介绍了本次研究的目的和研究计划后，他们同意参与本项研究，同时他们也希望利用笔者在社会工作领域的知识和相关经验，在其社会企业认证的申请过程中获得有益的帮助。作为交换，笔者将成为一名无报酬的全职志愿工作人员，参与公司的核心组织活动，但对该公司的组织文化和价值观保持中立态度。从 6 月份开始，笔者在 M 公司开始了全职工作，并参加了社创星提供的所有申请培训课程。不过，笔者最为重要的工作是整理和撰写成都社会企业申请的相关材料。

笔者在 M 公司的工作可以分为两部分：在 2019 年 6 月至 9 月的申请阶段，仅作为其全职志愿工作人员；在 2019 年 10 月至 11 月的申请阶段之后（M 公司顺利通过成都认证社会企业的评估），又作为兼职的外围观察者，参与本地区及全国范围的社会企业会议、活动、访问以及与多方利益相关者的互动。笔者希望在调研方法上采取由内而外的模式，即在后期与认证文化类社会企业和社会企业生态系统中的多方利益相关者进行半结构化深度访谈时，可以从一个"积极成员研究者"变成一个"外围成员研究者"，最后变成一个"局外人研究者"。如前所述，笔者认为，在定性研究中，研究者的角色应该是多元的、动态的，最重要的是努力实现与被研究方的愿景融合。

表 3-2 简要概述了双方在本次研究合作中的角色和期望。

表 3-2　研究角色与期望

	M 公司	研究者（笔者）
角色	▶一家位于金牛区的观察型社会企业 ▶创始人和经理希望申请成都社会企业	▶在 M 公司担任无薪全职员工 ▶参与所有与社会企业有关的活动
期望	▶需要研究人员协助申请成都社会企业	▶从公司的角度更好地了解申请流程 ▶观察本地区社会企业生态系统中其他利益相关方的工作 ▶在社会企业申请期间及获得认证之后，有机会参加本地区社会企业相关会议、活动和行业论坛 ▶为研究的下一步后续访谈建立联系
工作时间	▶2019 年 6 月—9 月（全职） ▶2019 年 10 月—11 月（兼职）	▶全职的"积极成员研究者"：2019 年 6 月至 9 月（申请阶段） ▶兼职的"外围成员研究者"：2019 年 10 月至 11 月

（二）第二阶段：问卷

问卷的优点之一，是相对容易实施和管理，而且相对不引人注目（Fowler，1993）。尽管问卷在研究复杂的社会关系或错综复杂的互动模式方面可能存在局限性，但它们在研究中仍是一种有益的补充（Bloomberg & Volpe，2012）。在本研究中，所使用的调查问卷包括基本的人口统计学问题（如性别、年龄、教育水平、专业等）和一些开放式问题，这些问题旨在挖掘参与者的个人经历并阐明他们的看法。

2020 年 4 月下旬，笔者联系了已通过成都社会企业认证的四家文化类公司的创始人/联合创始人。由于笔者在 M 公司（2019 年最新通过认证的文化类社会企业之一）工作，通过同行会议、行业论坛和社区路演与其他通过认证的文化类社会企业建立了个人联系。四位创始人/联合创始人都同意参与本项研究。笔者通过电子邮箱向他们每人发送了一份调查问卷，并与他们每个人安排了一次一对一的深度访谈。问卷旨在收集个人资料，并询问了参与者的动机、资金来源、团队规模和组成等。调查表见附录 A。

（三）第三阶段：访谈

本研究采用半结构式访谈。这类访谈既能发挥研究人员的调控作用，也允许受访者积极参与。

研究人员对四组受访者进行了半结构式深度访谈。他们分别是四位通过认证的文化类社会企业的创始人，一位来自金牛区城乡社区发展与治理委员会的政府工作人员，一位曾任社区居民委员会主任，现任四川省某大型社会投资基金的负责人，以及一位来自成都市工商局授权的第三方认证机构——社创星的主要负责人，该组织一直负责成都市社会企业的认证和评估工作。

研究人员向上述各方发送邮件或拨打电话，说明研究目的，邀请他们参与，并请求在方便的时间进行一对一的面对面访谈。访谈于 2020 年 4 月至 5 月间进行。在访谈开始之前，研究者就谈话规则、自愿原则、保密原则和记录等问题征求了受访者的意见。

研究人员为四组受访者设计了不同的访谈主题提纲。以下是这些提纲的一些要点。

（1）针对社会企业家：机遇的识别；认证带来的变化；

决策体系；企业文化；与多方利益相关者的互动；社会企业发展的影响因素。

（2）针对城乡社区发展与治理委员会政府工作人员：支持区内社会企业的原因；本地社会企业的孵化模式；个人对社会企业的理解；与社区和社会服务机构的互动；新兴社区型社会企业的发展问题；未来在该领域的工作计划；推动社会企业发展的困难和挑战。

（3）针对第三方认证机构社创星的负责人：工作介绍；与市工商局和城乡社区发展治理委员会的关系；认证的品牌效应；成都社会企业面临的问题；工作挑战；个人对"社会企业生态系统"的理解。

（4）针对社区居民委员会前主任：个人对社会企业的理解；社区领导的角色；社区项目的运作；新兴社区型社会企业的结构问题。

2019 年 12 月始，新冠疫情暴发。疫情对这些社会企业造成了什么影响？他们又该如何应对？这两个具体问题也被添加到了与四个小组的访谈中。

所有访谈都以半结构化的形式进行。所有访谈均在受访者的工作场所进行，并在征得受访者同意后进行录音。每次访谈结束后，都对录音带进行逐字记录。访谈完整提纲见附录 B、附录 C 和附录 D。

（四）第四阶段：焦点小组

本研究中，在对之前的一对一访谈进行初步分析后，进行了一次焦点小组讨论。以下三个主要问题引起了研究人员的注意。

（1）其他相关社会组织、社会企业和政府之间的关系。

（2）社会企业发展的困难和挑战。

（3）新兴的社区型社会企业。

研究人员希望就上述问题听取更多不同的意见。政府在成都社会企业的发展中一直扮演着至关重要的角色，来自政府的更多意见可以丰富讨论的内容。此外，在与金牛区城乡社区发展和治理委员会工作人员的一对一访谈中，笔者了解到区级政府与当地社企的互动方式有多种形态。例如，正如这位工作人员所介绍的，社会创新竞赛是他们与金牛区社会企业和社区联系的主要工具。其他地区可能会使用不同的方法，如与第三方合作，或组织行业论坛等。焦点小组是为了更好地了解这些问题，同时检验初步研究成果的有效性，并征求参与者对一些具体问题的意见和建议。

考虑到以上事项，研究者分别联系了成都市青羊区和成华区城乡社区发展与治理委员会的另外三位工作人员，并邀请了青羊区一家与政府合作进行社会企业孵化的社会组织的主要负责人参与讨论。在研究者介绍了本次研究，并明确了本次焦点小组的主题后，三人都同意参加。这次历时一个半小时的焦点小组访谈共有两个目的：（1）增加所获得的信息；（2）提供更多数据，以确保研究的可信度和可靠性。该焦点小组采用开放式形式。在焦点小组开始时，研究人员简要介绍了研究项目，包括研究问题、研究目的、结果处理方法、自愿原则和保密性。为了避免焦点小组中出现"集体思维"和"同伴压力"，研究人员建议每位参与者在访谈开始时做简短发言。在每个人都有机会表达自己的观点后，接着进行讨论。研究人员要求小组成员探讨三个问题。第一，他们对社会企业的立场，包括社会企业与其他组织形式的比较优势是什么？第二，在发展社会企业的过程中，基层政府工作人员面临哪些挑战？第三，新兴的社区型社会企业存在的发展问题是什么？可能有哪些解决方案？

访谈结束时，研究者再次向参与者强调了保密原则，不仅承诺对参与者的信息绝对保密，还要求参与者对彼此的信息绝对保密。本次焦点小组在青羊区社会创新支持中心会议室进行，并在征得所有参与者同意后进行了录音。焦点小组结束后，录音材料被逐字转录。

（五）数据分析与综合

在本研究中，笔者在完成焦点小组讨论时收集到的原始数据如下：（1）M公司的内部资料，以及申请成都市社会企业认证的文件；（2）《中国社会企业与社会投资行业研究报告No.1》与《成都社会企业白皮书（2018）》，以上资料在2019中国社会企业与影响力投资论坛上正式发布并发放；（3）《成都市党建引领城乡社区发展治理理论成果汇编》，这是在国家级行业会议上发布的内部文件；（4）笔者为本研究进行的所有一对一访谈和小组访谈的重新编码材料，共计17万字；（5）笔者的观察笔记和备忘录；（6）社会企业、社会创业和社会创新领域的其他相关文献。

在第一轮编码中，笔者尝试为代码编号分配"原生概念"。笔者选择的标准是被研究方在访谈中经常使用的概念，或带有强烈情感表达的概念。这是因为"情感"视角更为直观和具体，笔者认为它比通常更为抽象和概括的"行为"视角更适合第一轮编码。在本研究中，用于第一轮编码的代码编号数量为34。研究人员建立的档案系统分为三类：（1）一般档案（相关人员、地点、组织、文件等）；（2）分析档案（分析中出现的代码号和主题）；（3）实地调查档案（研究者的研究方法和个人思考）。在完成对原始数据的编码并建立了编码手册和组合之后，笔者根据概念框架的构建对数据进一步分类，并为相关引文分配了初始编码，并在不断完善中形成最终的编码模式。

本研究采用了归类和语境化相结合的分析方法。在具体操作方法上，笔者在分析过程中对数据进行了人工管理和分析。在传统的剪贴方式中，研究者将属于某个或几个相关代码号的所有数据放在地板上，并对其进行检查、移动或拼接。这种传统方法更容易帮助研究人员直观地发现数据中隐含的各种关系。此外，在分析数据的过程中，笔者还根据需要使用了一些分析工具，如撰写备忘录和内容摘要，以及绘制各种图表。

第四章

中国的社会企业

　　中国仍处于市场经济的初级阶段，各地区之间存在显著差异。在经济发达、社会服务购买力强的地区，社会企业前景良好，在欠发达地区，社会企业可能面临困境。然而，社会企业概念的模糊性，其复杂的管理情况，以及与中国现有政策的关联，都影响了政府官员对社会企业的看法和态度。政策环境主要取决于各级、各领域政府官员的认识，以及全面深化改革带来的政府、市场和社会关系的重塑。《社会企业与社会投资行业调研报告 No.1》分析了为何尽管宏观政策环境看起来前景良好，但国家制定社会企业专门法律法规的时机尚不成熟的几个原因。对社会企业和社会投资的社会经济效益仍需要进一步评估。现有的监管政策和体系对社会企业和社会投资的影响也需要在实际操作中进一步厘清。

一、国家政策框架

　　2012 年中国共产党第十八次全国代表大会深入讨论了探索社区建设善治路径，并对推进城乡社区治理作出部署。2015 年，中共中央委员会发布了《中共中央关于制定国民经济和社会发展第十三个五年规划的建议》，其中明确提出了创新、协调、绿色、开放、共享等五大新发展理念，这充分体现了我国在第十三个五年规划（2016-2020）及其后的发展方向。2019 年，中国共产党中央委员会第十九届中央委员会第四次全体会议通过了《中共中央关于坚持和完善中国特色社会主义制度推进国家治理体系和治理能力现代化若干重大问题的决定》，决定中明确了几个目标：坚持和完善统筹城乡的民生保障制度，满足人民日益增长的美好生活需要；坚持和完善共建共治共享的社会治理制度，保持社会稳定、维护国家安全；完善党委领导、政府负责、民主协商、社会协同、公众参与、法治保障、科技支撑的社会治理体系。在国家的指导下，不同层级的政府（省、地级市、县、区）已经发布了地方政策，旨在探索和构建基于协作和广泛参与的社会治理体系。在这种背景下，社会企业作为这一社会治理体系的重要参与者逐渐进入了地方公共议程的视野。

李北伟（2018）提到了中国社会企业的三种基因类型。从文化上看，他将社会企业比作新儒商，将其与儒家观念相对照，如"君子爱财取之有道"，而不是"为富不仁"，也不是"竭泽而渔"。这些理念鼓励人们诚实做生意，兼顾公正和利润，追求可持续发展。类似地，中国社会企业领域的另一位学者袁瑞军认为，中国社会企业在一千年前就出现了。例如，在北宋（960-1127），宰相王安石于 1069 年发起改革，在播种季节向灾民发放谷种，要求在收获时归还。这种灾害救助方式在某种程度上类似于今天的扶贫微贷款。在 20 世纪 50 年代到 70 年代，中国国有企业在从事自身生产的同时，承担了许多社会职能，从幼儿园到电影院，再到医院和养老院，几乎覆盖了从摇篮到坟墓的方方面面。1978 年的经济体制改革时期，在国有企业层面实行政府职能与企业管理分离，在企业层面实行经营职能与社会职能分离，以解放生产力。经过四十年的市场化运作，当"社会性"以社会企业的形式回归时，企业能够兼顾经济效益和社会效益。从社会经济现实来看，中国经济中已经存在大量的"准社会企业"，即 1996 年国务院办公厅提出的"民办非企业单位"概念。该概念是指由企业、机构、协会或其他民间实体以及公民个人利用非国有资产建立的，开展非营利性社会服务活动的社会组织。根据国务院于 1998 年 10 月颁布的《民办非企业单位登记管理暂行条例》（国务院铃第 251号），中国在教育、文化、科研和卫生领域拥有 360 000 个（截至 2017）民办非企业单位。徐永光（2017）指出，民办非企业制度的意义在于，国家将过去完全由自己垄断和管理的部分公共服务领域向民间开放，设计了一个模糊的公私空间来吸引社会投资，通过这一制度允许民间投资进入公共服务领域，以扩大准公共产品的供给规模，缓解民生供需矛盾。长期以来，民办非企业制度存在着私产与公产、营利与非营利、私利与公益关系模糊的问题。随着法律和政策的逐步完善，这种状况正在发生改变。在此背景下，李北伟（2018）认为，这些民办非企业单位可以是现存的社会企业，但需要对其进行梳理和认证引导。

由北京社启社会组织建设推进中心和南都公益基金会最新发布的报告，《中国社会企业与社会投资行业调研报告 No.1》（以下简称"报告 No.1"），提供了三种方法来计算中国社会企业的数量。

第一种方法简单且保守，使用了中国慈展会的认证数量。根据这个方法，中国社会企业的认证是这样定义的：

> 在中国合法注册成立一年以上，专职受薪团队不少于3人，财务制度健全、独立核算的企业或社会组织。组织的宗旨或主要目标是解决社会问题、完善社会治理、服务弱势群体和特殊群体或社区的利益、开展环境保护等，并有机制保证其社会目标的稳定性。同时，通过市场化运作，以创新的方式解决社会问题，并且其社会影响和市场效果应该是清晰、可衡量的（摘自报告 No.1，2019，p.3）。

根据中国慈展会（2018）的数据，在2018年底，中国共有234家社会企业。然而，考虑到许多社会企业可能不了解或不认同中国慈展会的社会企业认证，这个数据被认为是严重低估了中国社会企业的数量。

另一种计算方式是基于目录收集的方法。在这种方法中，邓国胜（2019）及其研究团队收集了多个名单，包括自我认定为社会企业并被其他人认可参与行业活动的企业。这些名单汇总包括了在中国社会企业与影响投资论坛（2019）上汇编的 1 374 家社会企业，中国慈展会认证的社会企业，友成基金会[①] 提供的社

---

① 友成基金会是经国务院批准并在我国民政部注册的全国性慈善组织。其使命是建立社会创新网络支持平台，促进跨部门合作。（来源：官方网站，链接：http://en.youcheng.org/index/about/about.html，2020 年 11 月 19 日检索）

会创新案例，以及公益慈善学园 ① 提供的社会企业目录。在整理了这些名单后，邓国胜及其研究团队排除了一些已经关闭或被重复计算的机构。截至 2019 年 7 月，中国的"有意识"的社会企业数量最终统计为 1 684 家（报告 No.1，2019）。

第三种计算方式则更加广泛、包容。李健（2018）认为，中国的社会企业应该包括农民专业合作社、民办非企业单位和社会福利企业，数量会因此提高到 175 万家。这种计算方式，类似于徐永光（2017）的观点，即中国 80% 的民办非企业单位应被视为潜在的社会企业。然而，这些社会企业中的大部分可能是"无意识"的，意味着他们可能并没有将自己视为社会企业，也可能没有被他人所知晓或接受（报告 No.1，2019）。不过，无论是"有意识"还是"无意识"的社会企业，它们都拥有社会或环境目标，并能够通过商业手段来实现这些目标。

邓国胜（2019）及其研究团队对 371 家"有意识"的社会企业进行了调查，结果显示这些社会企业超过 58% 的主要收入来自市场运营，而 18% 来自政府采购。在受访的社会企业中，近 40% 完全没有限制利润分配，但超过 80% 的社会企业会将净利润用于再投资。

许多创业者认为，中国社会企业的价值和功能在于促进公共价值观，坚持社会使命，服务弱势和边缘群体，促进经济增长并创造就业机会。表 4–1 展示了 2017 年中国社会企业的规

---

① 公益慈善学园是一个由一群关注中国慈善事业发展的国内外学者共同发起的学术交流平台。它是慈善领域专家学者发表深度评论和学术成果的平台。2017 年，该机构正式在北京市民政局注册成立。（来源：官方网站，链接：http://www.charityschool.org.cn/Home/Introduce?evt=6，2020 年 11 月 19 日检索）

模。根据邓国胜（2019）的研究，371 家受访的社会企业中，有 21% 从事教育，13.4% 从事社区发展，就业与技能是 12.3% 以及环境和能源是 9.8%。邓国胜总结道，"有意识"的中国社会企业主要在教育领域发挥作用，而"无意识"的社会企业则主要从事教育、社会服务、农村发展和扶贫（报告 No.1，2019）。

表 4-1　2017 年中国社会企业规模

	低方案 （"有意识的"社会企业）	高方案 （包括中国的农民专业合作社、民办非企业单位和社会福利企业）
数量（个）	1 684	1 750 420
年收入（亿元）	93	22 143
雇员（万人）	7.9	1 923

（资料来源：南都公益基金会，2019）

二、地方政府的实践

自 2018 年社会企业进入地方政策议程以来，许多学者对中国社会企业的发展前景感到乐观（袁瑞军，2019；邓国胜，2019；李健，2018）。邓国胜（2019）指出，北京、成都、佛山和深圳等四个地方政府已密集出台了与社会企业或社会投资相关的政策，为中国社会企业的发展提供了新动力。这些强有力的政策示范效应表明未来更多地方政府将通过学习和模仿来推动社会企业的发展。邓国胜的调查还发现，2017 年大多数社会企业的社会绩效呈增长趋势，包括受益人数量的增加和产品服务质量的提升。同时，大多数社会企业的财务绩效（总收入、总资产和市场运营收入）也显示出明显增长，这表明社会企业的规模更大、社会经济功能更显著，政府和社会对其未来角色的认知在增强（报告 No.1，2019）。

2015 年，中国社会企业与社会投资论坛由 17 家机构共同成立，旨在通过整合资源促进社会企业和社会投资的发展。论坛每年举办一次活动，组织与中国社会企业和社会影响投资发展相关的研究和学习。同年，中国慈展会与其他六家机构一起启动了社会企业认证，当时在 69 家申请企业中有 7 家获得了认证。表 4-2 展示了 2015 年至 2019 年期间中国慈展会认证的社会企业数量（按城市统计）。

表 4-2　按城市统计的中国慈展会认证的社会企业数量
（2015—2019 年）

排名	城市	认证总数	占比	总占比	
1	成都	63	20%	52%	77%
2	深圳	59	19%		
3	北京	41	13%		
4	顺德	16	5%	19%	
5	上海	16	5%		
6	杭州	15	5%		
7	广州	14	4%		
8	南京	7	2%	6%	
9	苏州	7	2%		
10	昆明	6	2%		

（资料来源：中国社会企业与影响投资论坛，2019）

袁瑞军（2019）观察到中国社会企业发展的一个主要特点

是政府主导，政府在这一过程中扮演着非常重要的角色。由于2017年社会企业正式进入我国公共政策议程，袁瑞军及其团队将这年标记为中国社会企业发展的重要年份。

北京、成都、佛山顺德区和深圳福田区相继出台了一系列旨在鼓励和促进本地社会企业发展的政策。在此过程中，这些地方政府采取了不同的举措来支持社会企业的成长。北京在2011年，首次在政府文件中提出了发展社会企业的构想。随后，北京开展了专项研究和试点项目，推动了以服务民生为重点的社会企业发展。2011年发布的《中共北京市委关于加强和创新社会管理全面推进社会建设的意见》（以下简称《意见》）明确指出，要适应人民对美好生活的新期待，强化社会服务，创新社会治理，鼓励更多社会力量参与社会建设。《意见》为政府向社会企业购买服务提供了制度保障。2018年，北京成立了北京市社会企业促进会，并发布了该地区的社会企业的认证方法。

成都相对于北京，稍晚开始关注社会企业的概念，但在过去几年里推出了一系列支持政策，推动了本地社会企业的迅速发展。在2017年的政府文件中，成都将社会企业明确定义为"加强和改善城乡社区治理的新工具"，并鼓励社区探索和建立为居民提供服务的社会企业。2017年9月，成都设立了新部门"城乡社区发展治理委员会"，由市委组织部部长兼任领导。成都市政府办公厅还发布了《关于培育社会企业促进社区发展治理的意见》，其中涉及八个部门的责任划分。文件要求所有区（市）、县政府将社会企业的发展和项目运营纳入重要议程，并将其纳入年度目标管理体系的绩效考核中。成都的投入及实施力度相对较大。在城乡社区发展治理委员会的总体领导下，市工商局负责社会企业的发展。初步构建了成都社会企业的政策体系，并与第三方社创星合作开展社会企业的认证。截至2018年12月，成都在区一级层面上制定了一系列相对有力的支持政策，包括注册便利、认证奖励、孵化支持、租金补贴、人才及活动支持等约二十项具体措施。

佛山顺德区于2014年开始实施自己的社会企业认证，是各地政府中最早实施社会企业认证的地区之一。它致力于构建一个以社会创新中心为核心的部门间支持体系。深圳福田区将社会影响投资高地建设提升到区域发展的战略高度。目前，该区对政策动向进行公众宣传，并尝试建立跨界平台，促进社会企业和社会影响投资的发展。

各个地方政府在政策方面的侧重点见表4-3。

表4-3 地方政府的实践

北京	成都	佛山顺德区	深圳福田区
►试点项目 ►政府采购 ►认证方法	►作为加强和改善城乡社区治理的工具 ►将社会企业发展纳入所有区县工作议程的任务清单，并纳入绩效评估 ►由城乡社区发展治理委员会统筹管理，市工商局负责发展工作 ►区一级有强有力的支持政策 ►认证方法	►最早开始实施社会企业认证 ►由社会创新中心领导，构建部门间支持体系	►社会影响力投资 ►宣传政策动向 ►尝试建立跨界平台

（资料来源：北京市政府、成都市政府、深圳市福田区政府和佛山市顺德区政府提供的信息，笔者对一系列发布的地方政策进行了总结）

　　从以上地方政府的实践来看，社会企业的主管部门已经超越了社会领域，扩展到了经济管理部门。2018年，这四个地方政府积极推出了他们各自的认证、管理和支持政策。一些学者认为，2018年可以称为"社会企业元年"。然而，目前相关的执行细则仍在制定中，政策的执行和效果需要进行跟踪和评估（报告No.1，2019）。

　　特别值得注意的是，成都作为省会城市，将社会企业视为加强和改善城乡社区治理的新工具，并建立了相对严格的社会企业认证体系。这种基于社区发展的城乡社区治理机制，将自上而下的方法与各种社会力量相结合，影响了政府传统的社会治理职能、市场组织方式以及公共服务提供方式，同时也催生了多样化的社会主体。成都在多个层面上提出了一些积极的整体性思考。在培育社会企业的过程中，成都引入了市场机制，通过重新组合和推动使用公共空间资源的权利，整合了多样的社会力量，以重新集中和优化社区公共空间。在扩展社区服务资源方面，这种做法逐渐形成了社会治理和社会创新领域的集体影响力，使社会企业成为其中不可或缺的参与者。与此同时，随着社区公共空间资源使用权的转移，社会企业还整合了社会空间和文化空间，从而在参与社会治理时创新了组织形式和资源运作模式。成都在推动社会企业的发展过程中，通过这些方式在社会治理领域产生了积极而富有建设性的影响。

　　目前，考虑到支持性政策框架、认证的社会企业数量（通过中国慈展会和成都自身的认证），以及政府角色的变化，特别是在社会企业实践方面，成都已经成为我国重要的创新中心之一。

第五章

成都的社会企业

　　成都位于四川盆地西部，青藏高原东缘。2017 年，该市的土地面积为 14 335 平方公里，占全省总面积（485 000 平方公里）的 2.95%；城区面积为 3 369.81 平方公里，其中城市建设用地面积为 885.6 平方公里。截至 2018 年，行政区域内居住着1 600 多万居民，城市化率为 71.9%。成都下辖 11 个区、5 个县级市和 4 个县，拥有 4 300 多个城乡社区。[①]

一、社会企业在社区建设中的作用

　　政府失灵、市场失灵和志愿失灵是由 Weisbrod（1975）、Hansmann（1980）和 Salamon（1995）在非营利部门研究中提出的三种基本理论。Weisbrod（1975）提出了"政府失灵"理论，以解释以下实际问题：为什么在政府和市场之间存在一个

_____

① 尽管社会学家对社区有不同的定义，但他们对构成社区的基本要素有相同的理解。乔治·希勒里（George Hillery）在审查了 94 个定义后发现，社交、地域和共同纽带在社区生活中普遍存在，有 59 个定义与这三个方面相符。而本研究涉及的社区基于地理因素，受到行政权力辖区的限制。

非营利部门？该理论的分析逻辑仍基于传统的经济"需求－供给"范式。Weisbrod证明了非营利部门的必要性，但没有分析非营利部门为何能提供公共产品以及其组织特点是什么。这些问题后来由Hansmann（1980）和Salamon（1995）进一步发展。Hansmann（1980）提出了"市场失灵"理论，回答了以下问题：非营利组织与营利组织之间有何不同，什么因素使某些活动只能由非营利组织而不是营利组织进行？从营利组织的局限性出发，他开始分析非营利组织的功能需求，认为消费者和生产者在产品和服务质量上存在明显的信息不对称。从这个意义上说，仅仅依靠生产者和消费者之间的契约，很难防止生产者欺骗或伤害消费者，从而导致"市场失灵／契约失灵"的情况。Weisbrod（1975）和Hansmann（1980）提出的这两种理论批评了政府和市场，但没有指出非营利部门本身的缺陷。1995年，Salamon在他的书《公共服务中的伙伴——现代福利国家中政府与非营利组织的关系》中使用了"志愿失灵"这个概念，提出了与非营利部门相关的各种实际问题：（1）对慈善的供给不足。这基于两个方面：一方面是"搭便车问题"（Olson，1965），在提供公共产品时很常见。大多数人倾向于无偿享受他人提供的好处，但缺乏为他人提供好处的动力。因此，可以提供的服务必定低于社会最优水平。另一方面慈善事业的资金来源也容易受到经济波动的影响。一旦发生经济危机，关心他人的人很难维持生计，就更别提帮助他人了。只有基于强制性的税收才能提供稳定和充足的资源。（2）慈善业余主义。根据社会学和心理学的相关理论，特殊群体的关怀需要由受过专业培训的人员来开展。然而，由于资金限制，志愿组织通常无法提供足够的报酬来吸引专业人士加入。这些任务只能由有爱心的业余者来完成，这影响了服务的质量。（3）慈善的家长作风。这指的是非营利组织有被富有的私人捐助者资助的传统；他们的影响延伸到服务交付。

考虑到各个部门（政府、市场和非营利部门）在各自的组织特点方面的互补性，将不同资源整合起来共同解决社会问题，可能是应对这三种失灵的一种可行方案。"多中心治理"理论打破了政府对公共管理的垄断，引入了"多元参与共同治理"的概念，逐渐被社会广泛接受。这个理论突破了政府与市场之间的二元对立和单一主导观念，强调指导与咨询，并鼓励多元化的社会治理参与。因此，第三方，包括非营利组织、非政府组织、协会等，已经参与了社会治理过程，并在公共事务和公共利益方面发挥了重要作用。

我们可以参考 20 世纪 60 年代在日本发展起来的"社区营造"概念。其主要目标是保持地区的多样性和独特性，同时探索其传统文化潜力。"二战"后，日本快速的城市化进程和迅速增长的经济导致了许多环境和社会问题。因此，在日本兴起了一个草根运动，旨在"重建迷人的故乡"，并得到了社会组织和地方政府的倡导。这个运动的概念逐渐扩展到各行各业。此外，社区幸福的提升与公众幸福的提升过程也符合社区营造的目标。

当今中国也面临类似的问题和挑战。像国内许多城市一样，成都也面临多重问题，例如，日益多样化的社会结构、人们兴趣的复杂多元性、信息传播方式的深刻变革以及基层治理难度加大。与此同时，成都还面临着传统的城市治理体系 ① 与超大城市中人口过度集中之间的不兼容问题。在过去的十年中，成都的年均净人口增长为 50 万，而可预见的大规模人口流入以及社会治理所面临的复杂风险的增加，使政府难以维持通过"大包大揽"来促进发展的治理模式。在过去几年里，成都的城乡社区治理被分割为众多部门，如民政、发改、财政、住房建设、人力资源、社会保障和司法等。这种社区治理缺乏顶层设计、统筹规划和协调，政府职能分散在 40 多个部门中，缺乏协调社区、激发活力和高效整合多种资源的制度机制。因此，社会治理创新已成为当务之急。

2017 年，成都对其组织领导体制进行了重大调整，专门设立了一个负责城乡社区发展和治理改革总体规划与推进工作的职能部门：城乡社区发展和治理委员会（社治委）。该委员会由成都市委常委、组织部部长领导。它主要承担以下职责：（1）顶层设计。负责协调推进城乡社区发展及治理体系和机制的建设，领导制定城乡社区发展和治理的长期、中期目标。（2）资源整合。引领建立城乡社区发展治理的资源协调机制，以及人力、财务和物质投入的保障机制。（3）整体协调。负责总体规划和推进城乡社区多元治理体系的建设，总体规划和推进城乡社区支持体系人力资源改革。（4）取得重要突破。致力于组织、指导和协调城市社会治理工作，形成示范效应。（5）标准评估。监督实施，并制定城乡社区发展和治理的评估标准体系和评价体系，组织实施以确保工作切实推进。自成立以来，社治委在基层开展了多项重大实践。在顶层设计方面，社治委已相继出

---

① 主要是依赖政府。没有其他社会力量长期参与的机制，社区自治和服务功能不足。

台了多个城乡社区发展和治理的文件，并构建了一个"1+6+N"的政策支持体系（见表 5-1），为基层，包括街道、县和乡镇提供了灵活运作的框架设计。

表 5-1　成都社区发展治理主要政策文件

政策类型	政策文件	出台日期
"1"	城乡社区发展和治理 30 条	2017 年 9 月
"6"	关于转变街道（乡镇）职能促进城乡社区发展和治理的实施意见	2017 年
	成都市政府关于从社会组织购买服务的实施意见	2017 年 11 月
	关于深化城乡社区可持续整体建设的进一步发展的实施意见	2018 年 3 月
	关于全面提升物业服务管理水平打造高质量和谐宜居生活社区的实施意见	2018 年 4 月
	成都市社区专职工作者管理办法	2018 年 4 月
	关于培育社会企业促进社区发展和治理的意见	2018 年 4 月
"N"	成都市社区发展和治理三年"五大行动"计划	2017 年
	深化成都社区志愿服务实施方案	2017 年
	成都市志愿服务激励办法	2019 年
	成都市国际化社区建设规划（2018—2022 年）	2019 年 1 月
	成都市国际化社区建设政策措施	2019 年 1 月
	成都城乡社区发展和治理总体规划(2018—2035)	2019 年 10 月

（资料来源：成都社治委；信息由笔者整理）

基层政府部门可以根据自身的情况和框架，制定不同的治理计划。同时，成都对街道、乡镇和城镇的内部机构进行了重组，推进基层综合行政执法，取消区、镇、乡等基层政府部门招商引资职能及相应考核指标；建立分区权责清单制度，下放准入权限，强化居民自治、民生服务、基层综合管理等重点职能。在社区权利和责任方面，成都完善了社区工作事项的准入制度，建立了居民委员会和监督委员会的运行机制，赋予社区重大决策建议权，赋予社区事务协调权。在具体行动方面，成都统筹实施了老旧城区改造、背街小巷整治、特色街道创建、社区服务提升、安全社区创建五大行动，共实施项目 6 661 项（李强，2019）。

　　2008 年四川汶川地震之后，成都的非营利组织迅速发展，并开始积极参与社会治理和社区建设。这种立足社区、自上而下，与社会力量相结合的社区发展治理机制，为成都培育和发展社会企业提供了先天优势。2018 年，成都市政府率先发布了一系列文件，如《成都市人民政府办公厅关于培育社会企业促进社区发展治理的意见》。这些文件明确了与社会企业发展相关的税收政策和法规。主要政策包括：将社会企业纳入成都市新经济发展基金支持范围；按照成都市重点支持的新经济发展相关政策，支持符合条件的社会企业、社会企业家和社会企业项目；落实已出台的支持社会企业的财税政策；将符合条件的小微社会企业纳入成都市中小企业成长工程；加大政府向社会企业采购力度；鼓励和支持社会企业通过市场公平竞争参与政府采购。市工商局已相继发布了《成都市社会企业评审认定管理工作试行办法》等一系列配套文件。在社治委和市工商局的领导下，培育社会企业的政策、法规和管理机制得到了改进。在认证管理机制方面，成都与第三方社创星合作，制定了《成都社会企业认证办法》，有针对性地培育和支持本地社会企业。这一系列政策使成都成了我国第一个从全市的角度促进社会企业发展的城市；第一个明确社会企业不是通过注册产生，而是通过评估和认证产生的城市；第一个获得认证的社会企业有权在公司名称中使用"社会企业"作为经营特点的城市。

截至 2019 年 12 月，成都共拥有 13 000 家非营利组织，39家获得认证的社会企业，32 000 个社区自组织，它们在社区组织开展了多项活动，共有 220 万居民成为社区志愿者[①]（社治委，2019）。

二、社会企业认证

根据《关于培育社会企业促进社区发展治理的意见》，社会企业是指经企业登记机关登记注册，以帮助解决问题、改善社会治理、服务弱势群体和特殊群体（如老年人、农民工、失业人员、残疾人、低收入家庭等）或社区利益为主要目的，以创新商业模式和市场化运作作为主要手段，并基于社会目的将利润再投资于自身事业、社区或公益事业的特定企业类型，具有持续稳定性。

成都的社会企业评审和认证工作由成都市市场监督管理局委托给第三方机构"社创星"进行。作为一个非营利组织，社创星负责为评审和认证工作提供技术支持和具体实施方案。专家评审团的成员包括大学学者、行业专家、社会企业家、成都社会企业发展相关职能部门人员、信用管理机构以及各区、市、县的代表。每年，从认证工作队伍中随机选取不少于七人，组成成都社会企业认证专家评审团。评审和认证工作的目标是培育和发展一批具有一定规模和辐射影响力的社会企业，形成鼓励社会企业有效参与社会治理的支持体系，推动社会企业在创

[①] 社区志愿服务是社区组织和个人自愿利用自己的时间、技能和其他资源，为社区居民、社区慈善机构和公益事业提供帮助或服务的行为。

新社会治理方面发挥积极作用，成为提升城市治理能力和水平的重要力量。认证范围包括在成都各级企业登记机关注册并完成社会企业章程备案的企业。根据认证标准，成都主要关注申请组织的社会目标的优先性、社会目标的稳定性、市场和创新，以及可衡量的社会影响结果，来进行社会企业的评估和认证。

具体来说，以下是认证标准中的关键指标（材料源于《2019年社会企业认证手册》）。

（一）基本信息

定义：在成都各级企业登记机关注册为有限公司或股份有限公司，且在申请截止日期前已成立并至少运营一年的企业。

为鼓励本地社会组织转型为企业，凡在成都市各级民政部门登记注册的社会组织，其主要股东为与其主营业务、社会目标、主要控制人和利益相关方基本一致的法人企业，且成立日期距申请截止日期不少于六个月。连续经营不少于两年（包括社会组织运营时间）且至少有三名团队成员的企业可以申请认证。截至2019年，成都社会企业认证接受在企业登记机关注册并持有营业执照的农民专业合作社的申请。申请企业需要向企业登记机关备案社会企业章程，其中必须包括明确保障社会目标的制度设计。不同领域的社会目标应当明确。业务项目包括但不限于社区环保、食品安全、家庭服务、医疗保健、垃圾分类等居民生活服务项目；社区文化、卫生、教育、健身等公共服务项目；就业援助、扶贫、助残等基本生活服务项目；农村经济发展项目，如，农民小额信贷和农业经济合作服务；以及空气治理、污水处理、新能源和新技术开发与应用等新经济项目。申请企业在申请日期前三年内不得有法院强制执行令或涉及任何违法、失信行为。

（二）透明度管理

企业的架构、利益相关者以及公司控制者的结构应当清晰明了。社会组织的运作应具备透明性，相应的公司治理结构和产品信息应当向公众披露。鼓励企业自愿对其公司治理结构进行相应的调整，其中包括但不限于召开股东会议，以增加员工以及公共利益和社区利益的代表；如果条件允许，这些代表应当具备投票权。已认证的社会企业应积极向社会公开其承担的社会责任、公益活动、业绩、利润分配等信息（这些信息指的是非私人信息，重点放在已认证的社会企业上；对于严重违反公开披露制度的情况，可能会考虑从认证名单中除名）。此外，团队成员应当稳定、高效且具有相关经验（企业应提供员工花名册、职称证书或相关领域的专家证书，以及过去的工作表现或成就信息）。

（三）社会效益

必须提供有法律效力的证据，以显示企业所创造的社会价值，包括企业的投入产出、社会问题改善数据、年度受益人数量、资源保护、环保性、员工安全以及社会影响等。在企业章程中，必须明确规定与公司社会目标有关的利润分配条款和分红承诺；建议社会企业将年度利润的一部分用于支持社区发展、社会福利、慈善事业、指定的社区基金会或公司发展，或用于其社会目标（非强制性）。在企业解散或清算时，在满足偿还所有债务和责任（包括但不限于员工薪酬和供应商欠款）后，如果存在剩余资产，建议成员或股东以一定比例，自愿将这些剩余资产转让给其他具有类似目标的社会企业、社区基金会或慈善组织。

（四）财务和可持续性

认证的社会企业应该拥有明确且有价值的产品或服务，并提供一个产品/服务清单（包括价格、产品/服务内容等）。其中，商业模式应当明确，包括但不限于产品或服务描述、价格体系、收入证明、市场份额和客户反馈等，以及能够证明公司在广泛的服务范围内具备一定市场竞争力和核心能力。公司必须能够提供上一年度符合会计准则的真实财务报表（包括资产负债表、利润表和现金流量表）；最好能够提供由第三方审计机构进行的上一年度审计报告。成立不满一年的公司可以提供自开业以来的资产负债表、利润表和现金流量表。此外，公司应当提供过去一年的财务报表、项目信息、销售合同、付款收据等，以反映其收入中来自商业或运营活动（包括竞争性政府采购）的比例，以及财务可持续性（通常不低于 60%）。此外，公司还应展示其获取外部资源的能力，包括资金、投资、借款、志愿服务、财产、空间、技术和授权等方面的能力。

（五）创新

社会企业认证中明确了两种创新类型：模式创新和技术创新。对于模式创新，社会组织需要对自身进行描述，并提供相应的材料来证明其采用了以下一种或多种创新支持模式：创业、市场中介、就业、服务收费、面向低收入群体、合作、市场链接、交叉补贴或组织。

技术创新可以通过相关国内外发明专利证书，知识产权证书，软件著作权证书，高新技术企业证书，国家、省、市重点科技项目证书，版权证书，重大科技竞赛奖证书或有效技术解决方案等相关支持文件来证明。创新成果也是不可或缺的。组织需要报告是否利用市场机制、现代信息技术和其他创新手段和方法，有效促进社会问题和困难的解决，以及在基层社会治理中实现"最后一公里"。

（六）社会影响

社会组织应当提供来自受益人、政府、客户、媒体以及其他利益相关者或第三方专业机构的有关其社会影响的系统评估材料。同时，还需要提供服务覆盖范围的证明。

申请企业应通过成都社会企业综合服务平台在线提交申请。第三方机构（社创星）将在十个工作日内受理申请。各区（市）和县市场监督管理局在其辖区内对申报企业进行初步信用审核。通过初步信用审核的企业将由第三方机构进行材料审核和实地探访，而后为合格的企业提供认证指导。由第三方进行第二轮信用核查（包括尽职调查），对合格企业进行复核打分。在成都市市场监督管理局和成都市各信用部门召开企业信用核查会议后，第三方将组织召开社会企业认证专家评审会。如果通过信用审核的企业获得专家半数以上的投票，他们将通过社会企业审核，并进行公示。在公示期间无异议的企业（通过的企业名单将在官方渠道上发布，如社创星的微信公众号和成都社会企业综合服务在线平台），将被认定为成都市认证社会企业，并进行正式公告。在某些情况下，如果在第一次公告期间公示的企业收到任何异议，他们需要按要求提供补充材料，复议后获得半数以上专家票的企业才能通过审核并向社会公布。整个认证过程遵循保密原则，社会企业的提案信息不向任何第三方公开（符合国家法律规定的除外）。

2019年开展认证的时间进度如表5-2所示。整个过程大约需要七个月。

表 5-2　成都社会企业认证时间表（2019 年）

初步培训	三月到六月
通知发布	六月
申请期	六月到八月
中期培训	七月到八月
尽职调查	七月到九月
审查公示	九月
正式发布	九月

（资料来源：成都社会企业认证手册 2019 年版）

成都的社会企业资格自批准之日起有效期为两年。认证到期后，社会企业应按照上述程序提交复审申请，并再次进行评估。若社会企业的认证因某种原因被取消，则在接下来的三年内不接受其重新申请认定。

通过"成都信用网"公示的认证社会企业可以享受政府发布的相关政策支持。此外，经认证的社会企业有权在公司名称中使用"社会企业"字样作为业务特征，并向公司登记机关申请名称变更登记。这在全国尚属首次实施。此外，还扩大了社会企业的经营范围登记，允许企业住所和经营场所分开登记，实行"一址多照"和"一照多址"。

根据《成都社会企业白皮书》（2018）和社创星的报告（2020），2018 年共有 77 家企业和 23 家社会组织（共 100 家）申请成都社会企业认证，其中有 12 家获得了认证。2019 年，共有 141 家企业和 30 家社会组织申请，其中有 27 家获得了认证。从初审通过率来看，申请企业的质量有所提高。

就申请企业的主要社会领域而言，2018 年的主要关注点集中在传统的社区服务项目，如社区发展、农村发展、青少年和儿童教育、医疗卫生以及老年护理等，共计 61 家申请企业。这体现了社会企业与社区发展和治理之间的紧密联系，呈现出鲜明的成都特色。而 2019 年的主要关注点，则是居民生活服务和农村发展（共 118 家）、公共服务（26 家）以及基本民生服务（14 家）。

三、社会企业生态系统结构

　　基于实地调查和与相关方的访谈，作者绘制了成都社会企业生态系统的结构（见图 5-1）。

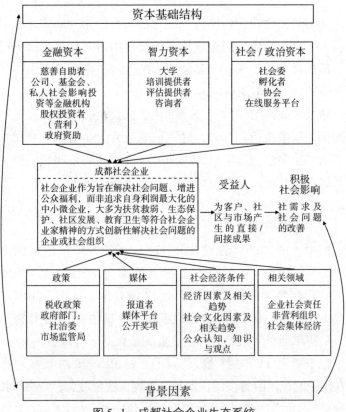

图 5-1　成都社会企业生态系统

　　创业生态系统理论"概述了对支持企业从集群中获益的具体环境类型的整体理解"（Pratono & Sutanti，2016，p.107）。李健（2018）指出，生态系统视角不仅关注单个核心创造者的重要性，还关注核心创新者与其他提供附加服务的供应商、客户和组织之间的互动。从这个角度来看，社会企业生态系统可以被描述为，影响社会企业实现其社会目标和预期社会影响力的环境因素。

　　在这个社会企业生态系统中，合作伙伴和资本形式是两个主要方面，它们交互作用，共同营造了成都社会企业的环境。

　　该社会企业生态系统的资本有三种形式：金融资本、知识资本和社会/政治资本，对社会企业至关重要。就金融资本而言，有几类金融资源可以为社会企业提供资金。社会投资是指通过提供和使用资金，产生积极的社会影响和一定的经济回报的行为。它有两个基本特征：一是把社会影响放在首位，这与强调财务回报优先的商业投资有本质区别；二是有一定的财务回报预期，这与只强调社会影响的慈善事业不同。因此，社会投资是介于商业投资和慈善捐赠之间的一种创新方式，兼具二者的某些特点（报告No.1，2019）。目前在我国，影响力投资和公益创投是社会投资的两个重要领域。社会影响力投资是一种旨在产生积极的、可衡量的社会或环境影响，并伴随财务回报的投资。它更强调积极的财务回报预期，或至少是资本保值。因此，以商业投资工具（如，股票、债券等）为方法，在社会投资领域具有更突出的商业属性。相比之下，公益创投强调灵活的资助方式，更倾向于以投资的形式进行资助。为了产生持续的影响力，创造更大的社会价值，公益创投对财务回报的要求也低于社会影响力投资，低于市场回报水平（报告No.1，2019）。

在当今中国的社会企业生态系统中，结合两种社会投资方式的社会投资机构有五种类型：公募基金会（社会影响力投资、公益创投）、非公募基金会（社会影响力投资、公益创投）、政府机构（公益创投）、专业社会投资机构（社会影响力投资、公益创投）和包含社会投资业务的传统商业投资机构（社会影响力投资）。2019年，南都公益基金会发布的调查报告①发现，各种机构的社会投资的最终目标涵盖了三个方面：社会影响、环境影响和财务回报，但三种类型的机构（基金会、政府机构和商业投资机构）各有侧重。机构之间最大的区别在于财务回报。政府机构在公益创投中不追求财务回报，而基金会和商业投资机构在社会影响力投资中明确追求财务回报。作为社会投资中最受关注的领域，教育和培训、健康医疗受到基金会、政府机构和商业投资机构的一致关注。同时，基金会特别关注产业支持服务，政府机构更加关注社区发展，商业投资机构则特别关注食品和农业。在成都，政府已明确表示在金融领域支持本地社会企业。根据《成都市人民政府办公厅关于培育社会企业促进社区发展和社会治理的意见》，政府要引导金融机构加大服务力度，为符合条件的社会企业提供金融服务，鼓励股权

---

① 社会投资机构的调查样本总数为44家。其中，有19家基金会，包括6家公募基金和13家非公募基金，通过影响力投资和/或公益创投来发展社会投资，以自有资金和慈善捐赠作为主要资金来源。有13家政府机构，全部开展了公益创投事业，以福利基金和财政拨款作为其主要资金来源。有12家商业投资机构，包括7家专业社会投资机构和5家传统商业投资机构（包括社会投资业务），以自有资金和商业资金作为主要资金来源，主要开展影响力投资。调查的36家机构位于我国东部地区，1家位于中部地区，3家位于西部地区。其中有4家被调查机构在我国香港、澳门地区和海外进行了机构注册。

投资基金支持符合条件的社会企业项目，促进社会企业发展。此外，政府还鼓励和引导各种社会力量通过公益创投和社会影响力投资支持优秀社会企业和品牌项目做大做强。

　　在知识资本方面，社创星发挥了关键作用。社创星主要为成都的社会企业提供认证和评估服务。此外，它还提供孵化、培训、管理咨询、传播和金融服务等。这是成都市市场监督管理局与其签订的年度合同中购买的第三方服务。社创星每月向市场监管局报告工作进展和成果，每半年提交一份定期报告。除了其团队成员外，初审认证团队还包括来自多所大学的教师和学生。2019年的初审认证团队人数超过十人。通常在一月份，社创星会开始对上一年获得认证的社会企业进行评估，该过程通常持续约半年。首先，它为即将接受评估的社会企业提供培训。在社会企业提交各自的信息后，社创星会对这些信息进行评估并进行实地考察，然后分析数据并形成评估报告。2019年的评估中，社创星引入了第三方咨询机构，与其共同构建了影响力评估框架和逻辑模型。社创星的项目官员承认该评估过程需要逐步优化。目前，国内社会影响力评估还没有完善的模型，需要不断地进行探索和合作。此外，政府还鼓励本地大学建立社会企业研究中心，通过合作、交流以及购买培训服务等方式培养一批熟悉国际规则并具备国际视野的社会企业家。例如，位于成都的电子科技大学的慈善与社会企业研究中心就是一个领先的研究和教育中心，供学生、学者和从业者探索并分享在国家层面上和本地区如何开展社会创新的思路及实践。该中心在企业慈善、企业社会责任、社会企业和全球可持续发展领域进行了一系列基础和前瞻性研究，致力于培养社会企业家，并为企业和政府提供相关战略规划和政策建议。

在社会／政治资本方面，社区居委会是这个领域的核心。社区居委会是我国城市街道和行政镇辖区内"社区"的居民组织，也是基层群众自治组织。居委会主任是通过自由选举产生的，不具有政府机构工作人员的身份。这个职务在社区发挥了非常重要的作用。正如祥和里社区居民委员会前任主任陈女士在一次个人访谈中所说："这个人就像一座桥梁。他／她必须扮演一个中立的角色，需要从社区发展的角度考虑社区的三年计划和五年计划。同时，他／她也应该像一个资源链接平台，所以这个人的意识必须非常出色。目前社区居民委员会主任的人才储备非常匮乏。"究其原因，社区工作的薪酬制度和晋升制度存在一定的缺陷，因此难以留住人才。社区居民委员会主任的意识和观念直接影响着社区社会企业项目的开展情况。在一些文化类社会企业案例中，社区利用闲置的场地和设施为这些企业提供办公空间和设施服务，真正帮助这些社会企业降低运营成本，在社区内拥有便捷的工作／活动场地。

青羊区社创支持中心等孵化器是该区社会治理的外包机构。其主要功能是孵化社会企业和社会组织，动员他们开展支持社区发展和治理的服务项目，整合全区乃至外区的资源。该中心既负责宏观层面的社会企业孵化，也负责中观和微观层面的社会企业孵化。宏观层面涉及与区政府领导进行有关社会企业的互动讨论，并在各个部门和乡镇机关举办研讨会。在中观层面上，孵化工作有两个维度。第一种类型是从零开始，也就是中心会孵化一些全新的项目。例如，它可以为社会创业者提供从注册到建立内部体系和流程等全过程的指导。第二种类型是协助已有的社会企业进行品牌包装和项目推广。该支持中心的负责人就社创支持中心与政府部门之间的关系提出了一个有趣的观点。他认为，由于民政局、统战部、妇联和社治委等政府部门之间的微妙关系，他们（作为第三方）不仅具有工作专业的优势，还另有其独特优势。他这样解释道：

> 比如，在我们的社创支持中心，那些部门现在在（社创）领域有很多工作任务，有时候他们会来找我们。这些部门之间的合作比较困难，因为它们都有各自的政治议程。但是作为第三方的我们，实际上更擅长与各个部门进行协调。其实这些都是相辅相成的，我们也会引进一些资源给他们。社治委是一个协调资源的部门，而不是一个调动资源的部门。它名义上可以协调所有的部门，但问题是它本质上也只是另一个部门而已。①

除了社区居委会和社会创业孵化机构外，线上综合服务平台也是当地社会企业的重要工具。社会企业综合服务平台以微信公众号、微博、网站和社群的四位一体方式建立，为本地社会企业提供企业赋能、资源链接、交流合作等服务。线上综合服务平台主要分为五个板块：社会企业报道、社会企业服务、社会企业案例、课程和活动，以及认证渠道（社会企业的申请都通过该平台完成）。与此同时，依托这一网络平台，政府与社会力量合作，探索社会企业经济属性与社会属性相分离的监管模式，引导社会企业按照承诺，公开社会企业信息，并实行社会企业退出制度。

成都的社会企业主要与两个政府部门有紧密联系：城乡社

---

① 邓先生是成都青羊区社创支持中心的高级经理。此信息源于2020年4月29日在成都青羊区社会创业支持中心进行的个人访谈。

区发展治理委员会（"社治委"）和市场监督管理局。关于它们之间的关系，社创星的负责人用了一个有趣的比喻："我会以非常简单的方式来解释。市场监督管理局就像成都社会企业的生母，但社治委则是需要养育它的人。"在一个社会企业成立后，社治委的职责是帮助其在社区范围内推广和发展。以金牛区为例，该区负责当地社企发展的社治委负责人介绍了"怎么做"。首先，她提到，2019 年初，市委、市政府下发了《关于促进社会企业发展的通知》，设立了首批试点区县，金牛区就是其中之一。发展目标是培育发展一批具有一定规模、一定影响力和辐射力的社会企业，基本形成鼓励社会企业有效参与社会治理的支撑体系。社会企业在创新社会治理、服务社区发展中发挥积极作用。2018 年，金牛区社治委引导一批社会企业落实到社区，开展首批社会企业复核认定工作，推动社会企业的成立和发展。2019 年，启动第二批社会企业复核认定工作，通过社会企业评估认定、示范引导，在全市培育发展更多社会企业和社会企业家。2020 年，完善社会企业培育评价机制，形成可复制的制度成果，促进社会企业有效参与社会治理。重点任务包括：为社会企业登记注册提供便利，支持社会力量投资兴办社会企业，优先发展社区生活服务和农村农业社会企业，加强社会企业培育孵化，鼓励各类孵化平台为社会企业提供孵化服务。同时，鼓励 22 个区县建设社会企业孵化基地。金牛区原有的社会创业中心是由该区为社会组织和社会企业提供工作场所而建设的，目前在该中心又建立了社会企业孵化基地。其次，不同区县对社会企业的孵化模式也有所不同。一些区县（如，青羊区）直接外包孵化业务，而另一些区县（如，武侯区）则采用社会影响投资作为途径。金牛区则是通过举办全国性的社会创业大赛来实现社会企业的孵化。通过一系列的培训营和项目落地服务，比赛的奖金直接用作对获奖企业在金牛区开展社会创业业务的补贴。目前，已经有15个社区项目通过这种方式得以实施。再次，是如何发掘现有的社会企业。金牛区目前有三种方式。一种方式是街道办事处向区社治委提供有潜力的社企信息，然后区社治委再与他们取得联系。另一种方式是向企业开放一些渠道，主动为企业提供信息，比如，区社会企业种子库等。那些进入种子库的企业可以享受区里的税收优惠，这对许多企业都有比较大的吸引力。企业注册种子库后，由市社治委、市场监管局、行政审批局等部门代表以及部分专家和财务人员组成评审小组，对企业进行评审。

金牛区社治委的工作人员解释了他们在工作上面临的困难和挑战：

> 我们主要依靠街道和社区来推广社会企业的概念。如果他们的认识跟不上，我们的工作将会非常难以开展。当然还有我们的工作伙伴，比如，市场监管局和相关行政审批机构。我们每个部门都在从不同的角度和立场进行思考。如何实现工作平衡，达成多方共赢局面，是一个很大的挑战。[1]

该工作人员提出了两个难点：一是如何在不同政府部门之间进行协调，二是如何培养或改变街道和社区相关人员对于社会企业的认知。

---

[1] 邱女士，政府工作人员。个人访谈于2020年5月14日在成都金牛区社区治理委员会办公室进行。

　　在这个生态系统中，媒体的运用具有极大的潜力，因为目前社会企业主要的传播渠道是官方渠道（如在线综合服务平台、培训课程等）。2019 年末，成都举办了中国社会企业和影响力投资论坛，超过十家关注社会创业领域的媒体（如财新环球、中国《公益时报》、善达网等）对这一活动展开了深入报道。成都的社创案例也得到了广泛的讨论。论坛期间，中国慈展会授予了一些社会企业"中国好社企"和"金牌社企"的称号。这一系列媒体活动有助于塑造社会企业的品牌形象，提升公众对这一概念的认识。然而，目前社会企业的公众认知仍然非常有限。在这个生态系统中，仍然存在着对于"社会企业"这个概念多重的、相互矛盾的理解，加之互动的障碍以及内部冲突，这些都是在该生态系统中形成有效集合影响力的障碍。

第六章

案例研究：成为社会企业

案例研究可以帮助我们更深入地了解成都特定社会企业的演变过程，包括形成阶段、冲突阶段和转型阶段，并发现之前未曾注意到的问题。

研究使用了立意抽样来选择本研究的样本。Patton（1990）提出了一系列立意抽样的策略。首先，本研究试图找到成都认证的文化类社会企业。因此，本研究采用的抽样策略是同质抽样，即选择一个具有相似内部组成部分的案例组进行研究，其目的是开展对特定类型案例的深入讨论，以便对这些案例中的一些现象进行深入分析。而"深度抽样"是选择具有更高信息密度和深度的案例进行研究，其目的是找到能够为研究问题提供非常密集和丰富信息的案例。本研究选择参与者（社会企业）的标准如下所示。

（1）目前由成都市认证的社会企业。

（2）由社创星分类为文化领域的社会企业。

（3）创始人是管理团队的活跃成员，并对于申请成为认证的社会企业态度积极。

在成都的 39 家认证社会企业中，总共有 4 家认证的社会企业（2018 年认证 1 家，2019 年认证 3 家）在社创星公布的文化类别中。同时，截至 2019 年 3 月底，成都共有 300 多家观察型社会企业。[①]

下表（表 6-1）显示了所选四家文化类社会企业的基本信息，包括名称、认证年份和社会使命等。

表 6-1 成都已认证的四家文化类社会企业基本信息
（截至 2019 年）

名称	成都 M 文化传媒公司（简称"M 文化传媒公司"）	成都 C 文化发展公司（简称"C 文化发展公司"）	四川 D 文化遗产保护公司（简称"D 文化遗产保护公司"）	成都 S 文化创意管理咨询有限公司（简称"S 文化创意公司"）
创始人（年龄、学历）	杨女士 年龄：55—64 大专学历	袁女士 年龄：45—54 硕士研究生学历	张先生 年龄：18—24 大专学历	廖女士 年龄：45—54 大专学历
首次获得认证时间	2019 年	2018 年	2019 年	2019 年
社会使命	▶传承和发展少数民族的优秀传统文化 ▶帮助农村贫困妇女和残障人士获得技能，让她们实现居家工作	协助改善贫困地区留守妇女的就业和生计情况	传承和保护非物质文化遗产	▶发掘成都地方文化 ▶推广传统文化，策划并参与文化领域的社区营造工作
观察方法	▶全职工作 ▶深度访谈	深度访谈	深度访谈	深度访谈

（资料来源：社会企业的官方材料；笔者整理）

[①] 来源：成都市工商局（2019）的数据。

这些公司包括：成都 M 文化传媒公司和成都 C 文化发展公司，两者均与手工艺品相关，旨在改善贫困妇女的生活，帮助她们获得技能并获取收入；四川 D 文化遗产保护公司，致力于传承和保护非物质文化遗产；以及成都 S 文化创意管理咨询有限公司，一直致力于发掘当地文化并推广传统文化。

杨女士是 M 文化传媒公司的联合创始人，也是中国国家级非物质文化遗产藏羌织绣的传承人。廖先生是 D 文化遗产保护公司的联合创始人，他作为四川省非物质文化遗产"蜀裱"的传承人，熟练掌握为传统绘画和书法作品进行修复及装裱的工艺。M 文化传媒公司和 S 文化创意公司都与当地社区建立了密切的联系，为居民策划和组织相关活动和课程，推广中国传统文化。这四家通过认证的成都文化类社会企业具有很多相似特征。其中，M 文化传媒公司的案例信息因其丰富性和深入性，非常适合本项研究。

这个多案例研究聚焦于成都的上述四家认证文化类社会企业，试图理解它们目前所处的社会企业生态系统，以及该生态系统的演变过程。本研究需要获取三种类型的信息：背景信息、人口统计信息和感知信息。

背景信息是指描述文化和环境的信息，例如，社会企业如何与其他利益相关者互动，这些多方利益相关者如何理解认证社会企业，以及他们如何描述在这种背景下的工作挑战。在本研究中，有必要了解四家认证的文化类社会企业的历史、愿景、产品或服务、运营准则、经营策略、领导方式以及管理结构等，并有必要收集其他主要利益相关者的信息，如市工商局、成都市城乡社区发展治理委员会、当地社区、社创星，其他相关社会组织和社会影响力投资机构等，以描述当前的生态系统。

我们还关注人口统计信息，这些信息反映了研究样本中每位社会创业者的个人资料。这类信息包括了四位社会创业者的年龄、性别、教育背景和专业领域情况。

此外，挖掘四位社会创业者的感知背后可能隐藏着什么，以及他们之间感知的异同也会对研究有所帮助。从被研究方对其经历的描述中可以有效地发现感知信息。有必要了解这四家认证文化类社会企业的创始人／联合创始人的价值观和创业取向，他们如何识别／评估机遇，如何看待与多方利益相关者（政府、社会组织、社区、客户、受益人、员工、投资者等）的关系，以及他们认为认证社会企业发展所面临的困难和挑战。

成都的这四家企业都处于社会企业早期组织发展阶段，尽管其中大部分（M 文化传媒公司、C 文化发展公司和 S 文化创意公司）作为商业公司已经运营了十多年，M 文化传媒公司和 S 文化创意公司在过去几年还分别创办了自己的非营利组织。[①] 这两家企业都选择了将原有企业的商业性与非营利组织的公益性结合，成为具有特色的社会企业。转型为社会企业，使他们重新思考了他们的商业模式和内部治理，四位创始人均表示，他们仍在探索对于自身组织发展来说最合适和可持续的方式。

---

① M 文化传媒公司的创始人于 2012 年创办了藏羌文化博物馆，为展示藏族与羌族文化提供了平台，通过培训技能及制作融合藏羌非遗元素的手工艺品，帮助农村妇女增加收入，同时在生产实践中保护和传承藏羌织绣文化。C 文化发展公司的创始人于 2015 年成立了一家社会组织，旨在通过手工艺产业帮助贫困地区的留守妇女实现就业。

就市场运营而言，这四家社会企业的市场结构呈现出多元化的状态。它们的主要收入来源是自营收入，但基于它们对自身的业务运营能力进行的总体评估（基于战略管理、生产管理、营销与品牌管理、人力资源、财务管理、法律税务管理和利益相关者关系管理），这四家社会企业都明确指出，他们在市场营销和品牌管理以及人力资源管理方面相对薄弱。

在使命和社会价值方面，这四家社会企业在它们的章程中明确规定了限制利润分配并实施资产锁定（其目的是确保社会企业的资产用于实现其社会使命，而不是私人利益）。例如，M 文化传媒公司在其社会企业章程中规定："公司年利润中，用于股东分红的部分不超过 35%，其余部分承诺用于公司的发展与社会目标。如遇公司解散和清算，承诺将剩余财产的 40% 捐赠给那些具有类似使命和目标的社会企业、慈善基金或其他慈善事业。"

从组织规模（见表 6-2）和增长角度来看，这四家社会企业在年收入、总资产和融资等指标上都属于中小型组织[①]；从员工人数来看，它们都是小型企业。实际上，这也符合中国社会企业目前的普遍情况。

---

① 在中国，中小企业分为中型、小型、微型三种类型。具体标准根据企业从业人员、营业收入、资产总额等指标，结合行业特点制定。在社会工作、文化、体育娱乐等行业中，中小微企业从业人员在 300 人以下。其中，100 人以上的为中型企业，10 至 100 人的为小型企业，10 人以下的为微型企业。

表 6-2　成都四家认证文化类社会企业的组织规模

社会企业	在职员工数量	全职员工数量	部门
M 文化传媒公司	19	14	设计，运营，会计，行政
C 文化发展公司	15	15	手工艺教学，设计，营销，会计（外包）
S 文化创意公司	80	80	运营，财务与会计，行政，营销，出版
D 文化遗产保护公司	13	13	技术，会计（外包），行政

（资料来源：各社会企业创始人的采访）

　　此外，四家社会企业中只有两家企业表示它们的财务状况相对健康。而 D 文化遗产保护公司创始人表示，他们在 2020年受到了新冠疫情的严重影响，现金流断裂，公司需要借款支付员工的工资；C 文化发展公司的业务也经历了资金短缺的问题，目前正在积极联系融资。2020 年初，根据中国社会企业与影响力投资论坛进行的关于新冠疫情期间社会企业（包括认证和非认证社会企业）以及社会组织生存状况的全国调查，在112 个样本中，共有 36 家认证社会企业参与，其中 58.33% 表示现有资金只能维持三个月，38.89% 计划筹集 100 万至 1 000万元人民币。

　　在融资方面，四家社会企业的初始资本主要来自社会创业者或他们的家庭成员；在企业成立后，融资的成功概率较低，融资规模有限。采访中，有融资需求的 M 文化传媒公司和 C 文化发展公司正在考虑来自商业公司的股权投资。在更大的范围内，商业风险投资机构、新兴社会投资机构和传统商业银行尚未成为社会企业的主要融资来源。

一、社区居委会的作用

所有接受采访的社会企业都是通过他们所在的社区居委会了解到了社会企业认证的。当时，D 文化遗产保护公司的创始人主动向社区居委会询问有关工作场所补贴的相关扶持政策，工作人员建议他们申请成为社会企业。在核查了所有的要求后，D 文化遗产保护公司的创始人认为值得一试：

> 我们当时只是想找个地方开始创业。在申请成为社会企业时，我们并没有抱太大希望。我亲自准备了所需的材料，经历了整个申请过程……所以当他们（社创星）打电话告诉我我们成功通过时，我非常惊喜。后续的支持政策很好，区里还会给我们颁发 10 万元的奖励。[1]

另外三家社会企业也是通过当地社区居委会了解到社会企业认证，但情况分为两类：一类是被动接受政府的相关培训，如 C 文化发展公司和 M 文化传媒公司。C 文化发展公司的创始人回忆道：

> 我们了解到（社会企业认证），是因为参与了一次社会企业的培训。那是在 2018 年初，当时成都第一批社会企业认证正在推广。这个培训会议是在市场监管局发布的通知中提到的，然后传达给社区。社区通

---

[1] 张先生，D 文化遗产保护公司联合创始人。在该公司办公室进行的个人采访，2020 年 4 月 23 日。

> 知我们直接参加，说有一个关于"新概念"的培训……
> 就是在培训期间，我们第一次知道了关于社会企业的
> 一些知识。①

与 C 文化发展公司类似，M 文化传媒公司也收到了当地社区的培训通知，并被社区推荐在区一级（金牛区）申请成为认证的社会企业。在成为金牛区的社会企业后，M 文化传媒公司在同一年继续申请成为成都市认证的社会企业。

第二类则是政府采购的需要。这是 S 文化创意公司提及的情况，其创始人在采访中解释道：

> 事实上，我不知道我为什么要创办一家社会企业。
> 我完全不知道我会做一家社会企业……去年 3 月（2019
> 年），一名社区居委会主任邀请我们在他们的社区开
> 一家书店。我们通常是在旅游景点开设具有地方文化
> 特色的书店。他觉得我们书店的品质很适合他们的社
> 区。在我们同意后，主任说，如果将来他们想购买我
> 们的社区文化服务，我们需要以社会组织或社会企业
> 的身份参与竞标。我觉得这非常麻烦。但到了 5 月，
> 我被推荐申请成为社会企业，因为那时候我们已经符
> 合了它的申请条件。所以，如果没有这个社区项目，
> 我们是不会成为一个社会企业的。②

---

① 袁女士，C 文化发展公司创始人。于该公司办公室进行的个人采访，
2020 年 4 月 22 日。
② 廖女士，S 文化创意公司创始人。于该公司办公室进行的个人采访，
2020 年 4 月 18 日。

　　针对上述关于成都社会企业启动的描述，我们可以提出如下两个具体问题。

　　（1）尽管这些社会企业都是通过他们所在的社区获得了认证的信息，为什么他们了解到这些信息的方式不同（主动查询或被动培训）？

　　（2）政府举办的社会企业培训课程是什么样的？

　　第一个问题，可以通过了解创始人的社会背景来回答。那些被要求参加培训课程的人（C 文化发展公司、M 文化传媒公司和 S 文化创意公司）都具有政府相关背景。他们中的一些人曾在政府部门工作，或者目前在由政府直接领导的社会团体组织中担任职务，如，成都妇女联合会和成都文学艺术界联合会。作为其中的例外，D 文化遗产保护公司的创始人与政府部门没有任何直接联系，这在一定程度上导致了该公司只是偶然了解到了社会企业认证的信息。随之而来的问题是：这些企业是如何被政府选中的？ M 文化传媒公司首先在社区的推荐下申请进入社区种子库，并在评估团队面前做了一个 20 分钟的答辩，阐述了公司的业务、收入目标以及致力解决的社会问题。这类企业进入种子库后，区社治委会对其进行实地考察，并推荐其中合格的企业申请成为成都市的社会企业。另一种渠道，则是市领导有时会关注到一些特定企业，并要求区社治委去了解它们的更多信息。

　　至于第二个问题，《成都社会企业白皮书（2018）》中提到，成都针对相关市政部门、区县社治委、市场监管局、街道（乡镇）、社区（乡村）以及相应辖区内的观察性社会企业，开展了一系列关于"社会企业概念和新社会治理模式"以及"社会企业认证与社会创业"的专题培训。同时邀请相关学者和社会创业者就社会企业理论和案例开办讲座，帮助培训人员拓展他们在社会创新和社会创业领域的视野，以及提升他们在这一领域的理论认知和实践能力。截至 2019 年 3 月底，共举办了四期培训班，有 1 000 多名培训人员参加，其中超过 70% 的培训人员来自企业和社会组织。

我们可以看出，政府在社会企业的宣传、推广以及申请认证方面发挥了至关重要的作用，不过这也在一定程度上限制了沟通渠道和信息覆盖范围。显然，成都的社会企业发展属于政策驱动模式，一个由政府发起的社会企业生态系统正在形成。

在描述社会企业生态系统的具体情况之前，对于这种政策驱动和政府主导的本地社会企业发展模式，有几个问题值得我们深入思考：参加培训课程的社会创业者与未参加培训课程的社会创业者之间是否存在差异？相关各方（社会创业者、社区居委会主任、政府工作人员、社创星、社会组织等）对社会企业概念的理解是怎样的？这种模式是否会阻碍社会创业者的积极性或引发一些投机行为？

二、概念的矛盾性

由于有关各方对社会企业的理解不尽相同，目前的模式可能会阻碍社会企业家的积极性。

负责成都社会企业评估认证工作的社创星，以及作为外包方一直为青羊区社会组织和社会企业提供孵化服务的青羊区社会创业支持中心等第三方机构的主要负责人，他们（及其团队）要对有意向成为社会企业的公司和社会组织进行培训和评估，因而对社会企业的概念有着比较全面的理解。这些负责人对相关政策也很敏感，认为这是第三方发展的好机会。社创星的项目负责人阐释了她对社会企业的理解：

> 我坚持认为，企业社会责任和社会企业是两个截然不同的概念。简单的理解是，企业社会责任是把钱直接投进去（社会问题）。这些钱是收不回来的，只有从获得的社会影响中才能扩大业务。然而，社会企业投入的钱需要收回。想赚钱的社会企业是企业，不能与企业社会责任混为一谈。它（社会企业的概念）处于探索阶段，没有办法统一，但可以关注几个核心问题：第一，你要解决什么样的社会问题；第二，你是否采用市场化手段；第三，你的社会成就和社会影响。[①]

社创星项目负责人进一步强调，社会组织或企业成为社会企业，两者并不矛盾。社会组织本质上有社会属性，但要看其财务能否持续，是否有成熟的产品可以在市场上销售；反之，企业用商业手段做生意，但要看在这个过程中能否解决社会问题。因此，侧重点是不同的。企业的财务可持续性要遵守，社会组织的社会属性也要坚持。前者的经济属性更强，后者的社会属性更强，从这个意义上讲并不矛盾。但成都社会企业是由市场监管局主导和监管，所以更强调市场方面的作用。

与社创星项目负责人的观点类似，青羊区社会创业支持中心的负责人认为，社会企业的领域处于社会组织和企业之间。

---

① 宋女士，社创星项目负责人。在金牛区社区发展与治理支持中心咖啡厅进行的个人采访，2020 年 4 月 27 日。

其真正的位置应该放在政府无法做到、企业不愿意做的领域[1]，以及社会组织无法做好的领域[2]。因此，社会企业必须把握这些差异，找到自己的位置。同时，社会企业也是企业，它们整合了第三部门和第二部门的一些优势，并克服了第二部门的一些缺点。

在政府内部，对于社会企业的理解也存在多样化的声音。金牛区社会企业负责人在采访中解释说，当她在 2018 年首次来到区社治委时，她实际上并不太了解社会企业是什么。她开始阅读相关文献和文件，在参与工作一年后，才逐渐开始走上正轨。她认为，社会企业首先是一家企业，必须先解决自己的生存问题，然后才能解决其所针对的社会问题。另一名在青羊区社治委从事社会企业工作的政府工作人员坦言，由于社治委是一个新成立的部门，工作人员都是从其他政府部门调任过来的，所以一开始他们并不太了解社会企业的概念。在她看来，社会企业是一种半盈利的企业。然而，她也指出，青羊区社治委提供了一些具体的管理培训，如社区发展和社会企业培育，由国内的专家以及该领域的政府工作人员指导。

通过对该领域部分政府工作人员的访谈（个人深度访谈和焦点小组），需要注意的一点是，成都的这些新政策从国内的角度来看是比较前卫的，对标了发达地区和国际上的先进做法。但是，基层官员对政策背后的理解可能还达不到同样的高度。这种差距源于两种矛盾：一是，整体上工作团队的理解和能力不足，二是，资源的限制。社治委的工作内容不断增加，

---

[1] "因为他们赚不了太多钱，投资回报率低。"
[2] "社会慈善组织的核心资源相对零散，政府采购也有一定的机制……许多服务需要连续的专业性才能获得进展。"

但预算没有变化，工作人员数量也不足（通常一个区的社治委有 10 人左右，负责社会企业发展的工作人员只有 1 人），相关工作难以有效开展。过去，既有的观念不认为社区工作是专业性很强的工作，导致其工资低、门槛低、人员少，一直形成恶性循环。社治委成立后，在人员构成上，政府开始从高校招聘专业人员从事此类工作。例如，金牛区负责社企的工作人员是香港大学社会学系的研究生。她对社区工作和社企发展的理解，在受访者中的确比较突出。在同样的内部培训体系下，各区社治委工作人员的个人素质和专业背景的差异，也导致了他们对社企的不同认识。

在成都的新社会治理体系中，社区居委会与社会企业有着非常紧密的联系。祥和里社区[①] 在 2015 年至 2017 年连续三年在 100 多个社区的公益创业大赛中获得第一名。在时任居委会主任陈女士的领导下，祥和里社区的项目，如"儿童之家"[②]、"商住联盟"[③] 和美食节[④]，充分体现了该社区发展的理念，即

① 祥和里社区位于成华区，社区面积为 0.32 平方千米，绿地面积为 52.100 平方千米。社区内有 6 781 户家庭，5 100 名流动人口，22 万居民，以及 49 个居住社区。祥和里社区居委会有 60 名居民代表，内设 5 个工作委员会：社区服务工作委员会、公共安全工作委员会、家庭工作委员会、卫生与环境工作委员会、文化与教育工作委员会。
② 这是一个社区托育服务。
③ 在这个联盟中，居民可以作为志愿者在社区中工作，以获取与社区合作商店 / 企业的商品 / 服务折扣。
④ 这个社区有一条美食街，商家和居民（尤其是靠近商铺居住的）一直因为噪音和气味存在一些矛盾。这个美食节最初是由商家出资在每年 10 月举办的，专门邀请与商家有矛盾的居民以很低的价格品尝美食。后来，社区成立了公益基金，将美食文化与公益事业结合起来。现在的美食节规模更大了，不仅商家参与，社区孵化的居民兴趣小组也参与进来。

> 这是人们意识的转变。社区首先让他们参与社区公共事务，然后在参与的过程中展示自己的特长，但他们也要有付出的意识。政府提出要激发社会组织的活力，进而让多元社会力量参与社会治理，实现治理能力和治理体系的现代化。政府不能再像以前那样养着社区了。财政资金非常紧张，尤其是在今年新冠疫情之后……因此，我们必须建立一个人人有责、人人共享的社区共同体。①

在引入社会企业到社区项目的实践中，陈女士也形成了自己对社会企业的理解。她认为社会企业是社会发展的必然趋势。社会企业需要找到自己的社会价值和经济价值。她这样评价社会企业：

> 我们（社区）也鼓励社会组织转型为社会企业。实际上，社会企业是社会组织的升级版，因为社会组织基本上依赖政府资助，大多数社会组织如果无法从政府财政中获得财务支持，就会倒闭；但社会企业需要自己找资源，这是一种可持续发展模式。社会企业具有公益属性和市场属性，但它们之间必须有界限……有些企业会借社会企业的名义来推广其他业务。②

---

① 陈女士，曾任祥和里社区居委会主任。于四川省红十字会基金会办公室进行的个人采访，2020 年 6 月 22 日。
② 陈女士，曾任祥和里社区居委会主任。于四川省红十字会基金会办公室进行的个人采访，2020 年 6 月 22 日。

　　上述情况清楚地反映了社区工作人员甚至一些政府官员对社会企业的一种普遍认识，即"社会企业实际上是社会组织的升级版"。这种认知是如何形成的呢？可能是因为成都社会企业的启动是由市场监管局领导和监督的，过于强调经济性，正如社创星项目负责人在采访中所提到的那样。另一个可能的解释则侧重于中国当前社会组织的现状和特点。

　　中国的社会组织是在经济体制改革、社会体制改革、逐步对外开放、区域经济阶梯式发展的社会场域中孕育而生的（方晓彤，2017）。它们深受中国国情和制度环境的影响，导致中国的社会组织与西方的民间组织相比有着明显的差异。中国社会组织的自主性不足，表现出明显的"官民二元化""过渡性""非均衡性"等本土特征（方晓彤，2017）。中国社会组织从20世纪80年代开始快速发展，与市场经济的发展、经济体制的转型、政府职能的转变密切相关。从社会组织产生的制度环境来看，我国社会组织的兴起具有强制性制度变迁的特征（方晓彤，2017）。政府在社会组织的生成路径、发展模式、介入领域等方面发挥着主导作用。因此，在政治权力的影响下，中国的社会组织在筹款方式、资源获取、活动开展等方面都缺乏足够的自主性。在政府转型的背景下，政府从几个方面推动社会组织的发展：一是承接政府转移的部分职能，协助政府进行社会治理；二是引导社会组织参与提供公共服务，协助政府解决一些经济社会问题。在这些功利性动机的驱使下，中国社会组织和协会的建立，有的是由政府直接举办，纳入行政管理体系，如青联、妇联等；有的是由政府授权的相关部门举办，承担政府职能，如消费者协会等。因此，中国的社会组织主要是在行政权力的推动下建立起来的。在20世纪80年代，随着中国国家与社会之间关系的重新定位，中国启动了"政企分离"和"政社分离"的改革。民间协会的基层组织获得了发展的空间，但大量官方社会组织仍将长期存在。

此外，与西方国家非政府组织的早期发展不同，中国的社会组织大多成长于 20 世纪 90 年代改革开放之后。社会组织的自主性、独立性、自愿性特征尚不明显，社会组织的发展带有明显的制度过渡特点（王诗宗，宋程成，2013）。社会组织的这种过渡性与包括公民在内的整个社会正处于转型期的宏观背景是一致的。与过渡性特征相适应，我国许多社会组织的运作既不规范，也不专业。目前，虽然我国大多数社会组织都成立了理事会等机构，但社会组织的内部治理仍然沿袭着"家长制"模式。重大决策的专断问题较为常见，导致社会组织的合法性不足，缺乏公信力。就外部法律环境而言，虽然近年来我国政府制定并颁布了一些与社会组织相关的法律法规（如 2016 年中央出台的《关于改革社会组织管理制度促进社会组织健康有序发展的意见》），但在立法理念、立法层次和立法框架上仍存在一些缺陷，导致一些社会组织运行不规范，甚至出现腐败现象（方晓彤，2017）。

改革开放以来，我国社会组织在总量增长的同时，也呈现出发展不平衡的趋势。从行业布局来看，社会团体和民办非企业单位大多集中在教育、社会服务等少数领域。同时，社会组织的机构资源和社会影响力也不平衡。"自上而下"的社会组织发展较快，社会影响力相对大于"自下而上"的民间草根组织，后者开展活动较为困难。这种情况与社会组织的成立方式、成长路径以及与政府部门的距离密切相关。"自上而下"的社会组织不仅有官方背景，而且在资源获取和发展机会上优势明显，这是民间草根组织难以企及的。

在这种背景下，当许多社会组织被贴上"不专业"和"不可持续"的标签时，人们默认新的社会企业概念是更为"专业"与"可持续"的选择，就不令人意外了。

在对社会企业概念的理解上，认证社会企业的社会创业者之间仍存在差异。在成都四家通过认证的文化类社会企业中，有两家企业的创始人（M 文化传媒公司和 C 文化发展公司）在申请认证的过程中参加过培训。他们对社会企业的理解与官方宣传较为一致，认为社会企业本质上是企业，但具有良好的商业模式和社会使命。此外，C 文化发展公司的创始人多次提到"利他主义"一词。她表示，利他精神是她在 2018 年参加政府培训会之前对社会企业的最初理解。她提到，"社会企业的作用是在避免恶性竞争的同时，引导大家经营向善，它的存在必须以利他为基础"。这让笔者联想到了著名的"两光之争"。针对徐永光（南都基金会理事长）的《公益向右，商业向左》一书，中国人民大学教授康晓光发表文章，对书中观点提出了强烈批评。两人激烈的观点冲突引发了公益界的大讨论，"两光之争"也因此成为 2017 年中国公益界的一大事件。徐永光认为，公益市场化是关于公益资源配置和组织运行的有效机制。社会化是公益的目标，市场化是实现这一目标的路径。徐永光赞同彼得·德鲁克的说法，认为只有将社会问题的解决转化为盈利的机会，才能最终解决社会问题。康晓光则反对徐永光关于组织形式公司化以及公益项目商业化的观点。他认为，泾渭分明的公益与商业已不复存在，但公益的基本精神不能模糊。C 文化发展公司的创始人的观点与康晓光及其支持者的观点在本质上不谋而合。然而，在成都目前的社会企业实践中，这样的讨论却很少被提及。

　　相比于接受相关培训的 M 文化传媒公司和 C 文化发展公司的创始人，另外两位创始人（D 文化遗产保护公司和 S 文化创意公司）并没有接受有关社会创业和社会企业概念的培训。他们坦承，资金奖励和政策支持是他们申请社会企业认证的最主要原因。D 文化遗产保护公司的创始人在认证后对公司的社会使命感到困惑。这是因为成都的社会企业被期望参与当地社区的服务和活动，但 D 文化遗产保护公司最初的社会使命是为了下沉市场（即三、四线城市，在官方文化遗产保护人员难以到位的情况下）的书画保护和修复，并培养文博行业对书画预防保护的意识，然而这与社区的需求不符。D 文化遗产保护公司的创始人在访谈中表示：

　　　　目前对社会企业的定义似乎与我的想法不同……社会企业是企业，可以为社会创造价值。根据你所做的事情，你会创造一种价值。我不知道这是不是我自己的概念问题……（文化）社会企业似乎更应该为社区提供服务。我们总是被问道，"你们能为社区提供什么？"但我们做的事情（书画修复）需要安全保障，比如，监控和防火，人们不能随便进来。现在社区里的活动场所都比较开放，很难与我们的工作性质和内容相匹配。我们申请社会企业认证后，觉得也可以培训一些残疾人。比如，如果社区愿意提供场地，我们可以为某类残疾人提供书画修复培训。[①]

[①] 张先生，D 文化遗产保护公司联合创始人。于 D 文化遗产保护公司办公室进行的个人采访，2020 年 4 月 23 日。

不同于 D 文化遗产保护公司，S 文化创意公司在社区中被动地找到了工作重点，在社区中开展了新的业务，并称之为"社会企业部门"。S 文化创意公司的创始人在访谈中介绍了他们在成为认证的社会企业后即将开展的社区项目，包括"社区书店"、"社区艺术生活"和"社区文化创意项目"。S 文化创意公司以政府部门为主要客户，创始人在访谈中解释道：

> 我们只是想满足政府和社区的需求。政府要加强社区文化建设，我们可以做，他们可以购买我们的服务。我们的公益性体现在价格相对便宜……其实这就是市场经济行为。①

关于社会企业概念，S 文化创意公司的创始人说道：

> 我对社会企业了解不多。需要了解它的社会责任是什么吗？如何提高创业者的思想觉悟？转化这种社会责任需要更强、更高层次的社会意识。②

我们可以看出，D 文化遗产保护公司和 S 文化创意公司的创始人都将社会企业视为以社区为基础、承担社会责任的企业。这种认识源于当地政府将社会企业视为社区建设和社区发展的多元社会力量之一。在这样的背景下，通过本地实践，了解社会企业概念的社会创业者，可能会试图完全按照社区的期望来

---

① 廖女士，S 文化创意公司创始人。于 S 文化创意公司办公室进行的个人采访，2020 年 4 月 18 日。
② 同上。

定制自己的企业，这可能会导致对社会企业产生狭隘甚至偏颇的理解。

与此同时，消费者和社区居民对社会企业的看法也是复杂的。社创星的项目负责人向笔者分享了一个案例，有一家在社区提供儿童教育的社会企业，很多居民都来参加他们的社区活动，对这种新形式的"社会企业"表现出极大的好奇。有些人认为它既有政府的认可，又有很好的社会感召力，所以愿意支持它在社区开展业务，并与周围的人分享这一理念。不过，也有一些案例显示了消费者对社会企业的质疑和诘难。例如，S 文化创意公司在开展社区项目时就遇到一些非议，一些社区居民对支付服务费用表示不满，认为社会企业是一种慈善机构或非营利组织，既然政府已经购买了服务，他们就没有必要再花钱。S 文化创意公司的创始人认为这是一个影响社会企业生存的重要问题。她担心，当社区居民习惯于免费获得社区服务时，说服他们为社会企业的产品或服务付费就需要更长的时间。

总之，成都各相关方对社会企业的理解是多样化的。政府在营造政策环境、落实相关部门（市场监管局和社治委）监管、协调本地社会企业发展等方面发挥了重要的引导作用。政府对社会企业的理解更偏重实用性和功能性，对社会企业及其认证的宣传渠道有限（主要集中在官方宣传渠道），这可能会在一定程度上阻碍社会创业者的积极性和探索精神。如果政策优惠不再，社会企业的发展是否会停滞或倒退？同时，社会企业生态系统中各相关方对社会企业概念的不同认识，也可能会导致对社会企业发展的不同预期，从而产生不同的影响。

第七章
社会企业的认同问题

本章将介绍成都四家获得认证的文化类社会企业所遇到的几类冲突和挑战，其中既包括内部问题，也包括外部互动和相互关系。笔者将这些问题具体分为三类：社会企业的"标签问题"、家族管理问题和财务问题。

一、标签有用吗？

由于成都社会企业的启动有赖于第三方认证，了解该生态系统中的认证资格要求和随后的类别推广情况就非常重要。Gehman 和 Grimes（2017）将类别推广定义为"成员为拥护标志类别的标签或文化艺术品所做的努力"（p.2294）。他们认为，尽管组织理论家对组织从其类别成员资格中获得的战略价值进行了研究，但对类别促进的概念研究得还不够。尽管有研究表明，由于类别的宽松性，成员资格要求可能会随着时间的推移而变化，但学者们仍需要看到并解决成员资格要求与类别促进之间的关系。

学者普遍认为，认证可以提供相关的合法性或推广效益

（Wade，Porac，Pollock & Graffin，2006），对此，作为第三方的社创星的项目负责人也表达了类似的观点。她认为，社会企业家需要认证来获得某种身份。在获得合法身份后，团体内部可以相互学习和监督。特别是成都作为全国唯一一个允许通过认证的社会企业在企业名称中添加"社会企业"的城市，认证后的品牌效应将非常显著。不过，社创星的负责人在采访中也指出，如何利用社会企业认证，实现品牌效应和业务增长，主要取决于社会创业者如何看待这个问题，以及他们是否重视社会企业认证。2019年，社创星对首批获得认证的12家社会企业进行了一系列访谈。一家从事社区教育的社企表示，通过认证后，其业务和团队规模扩大了两倍。究其原因，是政府认可并信任其社会企业的身份，这成为它被政府采购选中的优势。由于政府的认可，社区居民对它的接受度也越来越高。除了成功的例子外，该负责人亦提到一个相反的例子。有一家社会企业从事园林绿化和湿地保护，此外，它还通过打造生态景观开展自然教育。在获得认证后，该社会企业坦言，除了身份本身，它没有得到任何实际好处。

　　社创星项目负责人认为，造成这一问题的原因在于社会创业者的意识。因此，她建议那些无法从认证中获得任何好处的社会企业，应该在"社会企业"品牌的推广方面进行自我反思。她的意见在一定程度上建立在一个假设之上，即所有获得认证的社会企业都愿意进行分类推广，因为它们已经为获得认证付出了极大的努力。然而，这是否就是完整的故事呢？

　　为了更全面地了解这一情况，笔者对成都四家通过认证的文化类社会企业开展了案例研究。从结果来看，没有一家在做真正意义上的品类推广。相反，D文化遗产保护公司甚至有意放弃了自身对于社会企业的宣传。其创始人在采访中解释道：

> 在我们所有的官方宣传资料中，都没有出现过"社会企业"这一名称，我们也没有考虑过用这一名称去做什么，因为这一名头不会给我们带来业务。如果客户对社会企业的概念不甚了解，那么即使你告诉他们，他们也不会多看一眼。他们可能更关心我们团队里有多少书画修复专家，或者我们修复了什么东西，这说明他们其实更看重我们在这个领域的专业性和技术性。（社会企业）作为一种荣誉，它是可有可无的（对客户而言），影响也不大。只是对我们来说，获得这一认证后，道德感增强了。[①]

D 文化遗产保护公司创始人的上述表述很好地反映了最近一些关于"宣传克制"概念的研究，即"在这种情况下，一个组织自愿限制宣传它有合法权利进行的结社活动"（Gehman & Grimes，2017，p.2295）。Gehman 和 Grimes（2017）指出，目前学界所做的研究有限，也没有为理解类别成员的"宣传克制"提供任何理论基础，而现有的许多关于认证和类别的研究更广泛地侧重于成员资格，而不是类别宣传现象。如果正如 Vergne 和 Wry（2014）所说，"探索组织在现有类别体系中策略性地表明其从属关系方式的机会比比皆是"（p.78），那么类别晋升有可能是相对于更广泛背景下的组织而言，表明其与众不同的一种手段，而会员资格声明则是与类别同行建立相似性的一种手

---

① 张先生，D 文化遗产保护公司创始人。公司办公室进行的个人访谈，2020 年 4 月 23 日。

段（Gehman & Grimes，2017，p.2297）。此外，考虑到类别成员所处的情境（Durand & Paolella，2013），"相同"的成员资格可能"为组织提供更多或更少的独特性，这取决于情境差异"（Gehman & Grimes，2017，p.2297）。地理（如地区、城市）和实质（如行业、领域、职业）背景是影响组织行动的两个重要载体（Marquis，Davis & Glynn，2011）。就 D 文化遗产保护公司而言，其业务有别于其他文化类社会企业，更不用说其他一般类型的社会企业了。尽管社会企业参与社区建设是成都社会企业政治 / 政策环境的重要基调，但相对而言，它的业务并不适合社区建设。换句话说，目前成都的社会企业与社区的关系非常密切，但 D 文化遗产保护公司主要服务于国内三、四线城市的文化机构。在成都的社会企业中，D 文化遗产保护公司是一个比较特殊的存在，社会企业认证除了给它带来奖金和税收优惠政策外，可能并不能帮助 D 文化遗产保护公司凸显其在行业和地区中的独特性。从这个意义上说，"宣传克制"现象已经出现。D 文化遗产保护公司为了彰显自身特色，不主动宣传联合体（认证社会企业），可以说是一种战略行为。

至于成都的其他三家文化类社会企业，尽管没有表现出"宣传克制"，但也有部分企业对类别宣传持怀疑或观望态度。

C 文化发展公司的创始人对"贴标签"表示了质疑。成为社会企业后，她一直被一些问题所困扰。"当告诉别人我们是社会企业时，我们想表达什么？是社会的支持，还是自己因为这个标签而高人一等？如果是这样，会不会削弱社会企业的市场竞争力？"基于这种自我意识和外部环境的不确定性，C 文化发展公司的创始人一直在犹豫是否要做任何形式的类别推广。她的判断是：

现在社会企业的公众认知度很低，主要依赖官方媒体的宣传。此外，由于是社会企业，水平可能较低，没有按照商业思维进行竞争。大多数社会企业的问题是主动性差。把我们抛进一群商业企业中，我们可能会被淘汰……①

C文化发展公司的创始人更多地把社会企业认证看作是一种官方荣誉，然而这让她在实际经营中感受到了矛盾。举个具体的例子，C文化发展公司开发了一个熊猫玩偶IP。团队原本希望采用一种非常流行的营销手段，即"网红直播"。直播是一种实时、互动的网上购物形式，为品牌和零售商与消费者建立联系创造了新的方式。这种形式在我国受到广泛欢迎。它围绕着在国内被称为关键意见领袖（KOL）的有影响力的人，向数百万观众进行直播，展示产品、使用产品、试穿产品和描述产品。不过，该创始人担心这种直播方式会引发针对社会企业的网络暴力，比如，"不务正业""沽名钓誉"等。她认为，大环境并没有真正地在支持社企，采用新的娱乐营销方式可能会因为公众的不了解或误解，让社企面临声誉受损的巨大风险。

M文化传媒公司和S文化创意公司则持观望态度。M文化传媒公司的联合创始人认为，除了奖金，他们并没有从社企认证中获得实质性的推广收益。不过，他提到，通过政府、社区居委会和社创星组织的参观活动，M文化传媒公司开始有了更多与政府官员和其他社会企业同行交流的机会。至于S文化创意公司，在获得社会企业称号后，探索和建立了新的社区业务（书

---

① 袁女士，C文化发展公司的创始人。公司办公室进行的个人访谈，2020年4月22日。

店和艺术项目）。S 文化创意公司的创始人明确表示愿意做类别推广，特别是"把社会企业融入我们的血液中"，而对她来说，最大的挑战是如何运用。她说，这是一个新领域，因为他们以前从未在社区或与社区一起做过这样的事情（S 文化创意公司十多年来一直是一家文化旅游商业企业）。社会企业目前只是 S 文化创意公司的一个名号，"方向明确，但方式模糊"。有一件特别的事，或许可以看出 S 文化创意公司的创始人是多么渴望在认证社企上做文章。采访过程中，她不断询问笔者是否愿意与她合作，因为她认为 S 文化创意公司需要一些"专家"，熟悉政府对社会企业的政策，以及社区公益与商业模式的结合方式。

从以上这些文化类社会企业的情况来看，政府的规划和政策深刻地塑造了成都社会企业的外部环境。由于特定的期望和相对有限的官方传播渠道，社会企业可能很难积极探索和策划自己的类别宣传。此外，在一些社会企业的战略行为中，也出现了"宣传克制"的现象。其中一个可能的原因是没有基于社会企业背景独特性的从属类别。"从属类别"这一概念被定义为"特定的从属类别为其成员提供技术、物质和／或象征性资源，以区别于非从属类别成员"（Gehman & Grimes，2017，p.2295）。Gehman 和 Grimes 认为，一个从属类别的背景独特性与非成员之间现有的地区和行业惯例的差异，可以解释为什么成员会进行类别宣传。积极的一面是，政府的政策和社会企业认证机构的作用，使得社会企业认证的"流通性"[①]变得很高，这也解释了为什么成都的许多社会企业将认

---

① 具有明确意义和积极吸引力的程度 (Kennedy,Lo,&Lounsbury, 2010)。

证视为良好声誉的象征，因为社会企业认证证明了其符合特定的社会标准或认证了其取得的某些成就。这种高"流通性"也被认为是社会企业从认证中获得认同并进行组织间比较的基础，从而指导其竞争和合作战略。[①] 然而，由于缺乏对业务背景独特性的考虑，成都社会企业之间的竞争与合作案例还很不充分。

此外，C 文化发展公司的创始人还表达了两个具体担忧，这也动摇了她对类别推广的立场。一个是社会企业的竞争力，另一个是公众对社会企业的认识。政府似乎在逐渐重视这些问题。金牛区社治委相关负责人介绍了他们工作方法的改变。他们刚开始对分管区域和社区的工作人员进行社会企业培训时，只是把人员集中起来上课。后来发现，学员的积极性很低，很多学员甚至在培训期间玩手机，导致培训效果不佳。2019 年，金牛区社治委开始举办社会创业大赛。在赋能社企提升市场竞争力的同时（大赛为晋级复赛的参赛者提供八次迭代课程），金牛区社治委还邀请分赛区和社区代表组成大众评委团参与决赛。对于每一家参赛的社会企业来说，当其项目得到社区的支持或选择时，就意味着社区希望这样的社会企业在社区开展业务。同时，社区也在这一过程中深入了解了社会企业。比赛结束后，社区代表和被选中的社会企业会交换联系方式，继续讨论合作的可能性。值得一提的是，恒德路社区在去年比赛后引进了亲子教育、垃圾分类、饮食文化等四个社企项目。金牛区社治委负责人谈到了大赛的效果："我们通过社会创业大赛，努力提升公众对社会企业的认知度，有效提高了社区居委会工作

---

① 这适用于 M 文化传媒公司的例子。其创始人提到，获得认证后，他们有更多机会与其他社会企业交流。

人员的参与热情，从而逐步扩大了社会企业的影响力。"[①] 这种宣传和培训方式，使社会企业与利益相关者直接接触的信息渠道更加多元化。在谈及政府的扶持政策是否会造成社企的依赖性，从而影响到社企的市场竞争力时，该负责人解释说（强调这是她的个人观点），政府可以帮助好的社企与相匹配的社区进行业务对接，这更多的是一种过程性的联系，而不是具体的业务推广。她指出，如果社会企业的发展重点变成如何向政府要钱、要政策，也会阻碍其未来的发展。

正如这位政府工作人员所说，"我们为社会企业寻求认可和支持的行为也是一种市场导向的行为"。也许这句话有助于增强一些社会企业（如 C 文化发展公司）使用更市场化的推广工具（如直播营销）的信心。Gehman 和 Grimes（2017）认为，社交媒体为"研究类别推广提供了特别丰富的环境资源，因为组织利用这些新渠道来传达其独特性"（p.2316）。此外，正如他们所指出的，值得探讨的是类别推广的差异如何影响资源获取、组织生存和社会影响等重要结果，而随着成都社会企业生态系统的不断发展，这也将成为一个相当重要的问题。

二、家族式管理议题

成都的文化类社会企业面临的主要挑战之一，是严重的人才短缺。我们有必要了解这些社会企业的组织治理现状，以及它们是如何应对这一挑战的，又有哪些可能的方法来突破这一困境。笔者将重点放在它们的组织治理特点以及工作团队的发展阶段上，然后针对这一人才困境提出了可能的内部转型路径。

---

① 邱女士，个人访谈，2020 年 5 月 14 日。

在组织治理方面，民主型管理是许多国家社会企业的典型特征。在社会企业的组织治理过程中，多方利益相关者（包括客户、员工、志愿者、投资者、社区代表等）可以通过理事会等机构影响社会企业的组织决策。这种民主参与的治理模式是确保社会企业的商业和社会目标实现的重要机制（徐君，2012）。这四家社会企业都有组织治理的基本制度框架。它们都成立了理事会，但从理事会的实际作用和职能来看，基本上存在三种情况：（1）重要制度问题由理事会决策，日常事务由管理团队决定；（2）理事会履行咨询职能；（3）理事会形同虚设，不履行任何实际职能。在这四家社会企业中，有三家的主要决策方是创始人，另一家是理事会。成都的社会企业认证要求申请组织具备推动组织运作的制度化建设，包括明确组织使命和愿景，制定社会企业章程和业务发展规划等。与国内其他地区的社会企业相比，成都通过认证的社会企业在这方面做得更为完善。

尽管有了组织治理的基本制度框架，也采取了推进组织运行制度化的措施，但在实际运作中，许多社会企业仍然受困于我国中小民营企业经营中普遍存在的家族式管理模式。同样，在实地考察中，本研究中大部分被调查的社会企业（四例中有三例）都存在这一特点，这也引发了笔者的疑问：家族式管理模式在一定程度上是否与人才困境存在互为因果的关系？

王志银（2004）在文献分析的基础上，将家族企业定义为以传统文化为根基，以人际关系为核心，具有血缘或姻亲关系的人拥有企业的所有权和控制权，并采用一定的治理结构来经营企业，成员按照一定的标准优先被提拔为管理者，有一种兼顾家族和企业利益的特定组织形式，并将所有权和控制权传递给家族的下一代成员。一些学者指出，家族企业并不是一种固定的模式，只要满足以下三个条件就可以适用：（1）家族持股比例大于临界持股比例；（2）家族成员或第二代以内的亲属担任董事长或总经理；（3）家族成员或第三代以内的亲属（包括曾祖父母、曾孙子女、曾姑母、曾舅母、嫡亲表兄弟姐妹）担任公司半数以上的董事席位（张莉，2009）。家族企业和家族管理的定义各不相同，但有一些相似之处，尽管目前学术界还没有统一的概念。胡方萌（2016）认为应从所有权和管理权的角度进行区分。当所有权由家族成员控制时，就是家族企业；当管理权掌握在家族成员手中时，就是家族管理。家族企业又分为传统家族企业和现代家族企业。传统家族企业是家族管理企业；企业的所有权和管理权不分离，由家族成员控制。在现代家族企业中，企业所有权与管理权逐渐分离。家族成员只掌握所有权，而管理权则转移给非家族成员。还有一种企业（主要是小型和微型企业），由于规模小，往往保持着"夫妻店"的模式，即企业的所有权只属于一个家族，管理者也是家族成员。这是中国最常见的家族管理形式。根据中国民营经济研究会家族企业委员会主编的《中国家族企业40年》，2016年家族企业约占中国民营企业总数的80%。

这种现象（小企业的家族式管理）的原因已被广泛讨论。第一个原因是中国式"家"文化的深刻影响。中国社会自古以来就非常重视家族，家族的逻辑和规范并没有完全被现代化的企业管理规范所取代。目前，家族企业和家族式管理在中国企业中占有很大比例，这是历史传统的延续（胡方萌，2016）。对于当前的小型社会企业来说，选择家族式管理是顺理成章的表现。第二个原因是民营中、小企业选择控制成本。中、小企业普遍存在创业难、融资难、发展难的问题。他们需要控制成本，保证效益。从这个意义上讲，家族管理是一种有效的治理结构，可以有效规避信任风险，降低信息成本，节约资源，而且代理成本小。家族管理的优势在于家族成员之间的高度信任。李新春（2008）指出，中国式的家族间信任是一种特殊的私人信任，同时也包括对外人的排斥。M 文化传媒公司是家族管理的典型案例。创始人的儿子深度参与到企业中，即使他有另一份全职工作，创始人仍让他全面参与企业的规划和管理，并直接为他安排工作。笔者曾受邀加入 M 文化传媒公司的管理团队，但发现很难参与决策过程。该社会企业的理事会没有发挥实际作用，因为所有决策都是由创始人的家人（创始人、她的丈夫和儿子）做出的。创始人的儿子这样描述他们开内部会议的场景：

> 我们一家三口开会时，最后做决定的是我母亲，但有时我父亲也会很强势，所以他们俩可能会吵起来。在这种情况下，我就负责平衡他们的意见，最后达成一个比较可行的方案。其实，我们在业务上没有具体的分工。[①]

C 文化发展公司和 S 文化创意公司也是典型的"夫妻店"企业。两位创始人都是与丈夫一起创办企业的。与 M 文化传媒公司的情况类似，他们的工作团队和公司理事会通常不参与决策过程，由家庭核心成员全权负责其社会企业。然而，在创业期过后，这些社会企业将面临规模扩张和发展转型等挑战。此

---

① 冯先生，M 文化传媒公司管理者。公司办公室进行的个人访谈，2020年 4 月 17 日。

时，家族管理暴露出很多问题，如，权力划分不清晰、内部治理体系不成熟、奖惩不合理等。内部信任与外部信任形成鲜明对比，工作团队的积极性可能难以激发和保持。在这种情况下，企业内部文化就很难建立起来。社会企业中的家族管理模式不仅会成为企业招聘人才的障碍，也不利于企业内部人才的培养和成长。

几乎所有受访的社会企业（D 文化遗产保护公司除外）都强调自己缺乏人才，尤其是企业管理方面的专业人才。M 文化传媒公司创始人在访谈中多次提到"知识结构"。她将自己企业的知识结构解释为对传统文化艺术的研究能力、人才队伍的建设能力以及经营管理知识。内部专业人才的缺乏，导致 M 文化传媒公司的业务发展陷入了严重的停滞期。C 文化发展公司的创始人分享了她所在的社会企业的人才困境。她曾经为一名有着极大发展潜力的年轻员工提供管理培训，然而，在她某次严厉指出此人工作中存在的一些问题后，这个年轻员工很快就递交了辞职信。这件事让她对培养家族以外的外部人才产生了担忧。此外，C 文化发展公司的创始人还指出，公司的现有团队完全无法满足她对建立手工艺品行业标准化和专业化的要求和期望。这位创始人说，她一直迫切希望能有一个专业的管理团队，尤其是有市场营销和融资方面才能的管理人才，这样她就可以从琐碎的日常事务中解脱出来，有精力处理社会企业发展更宏观和战略性的事务。

所有这些社会企业都在采取措施，试图改变其严峻的处境。M 文化传媒公司、C 文化发展公司和 S 文化创意公司的解决方案都指向一个关键词：赋权。M 文化传媒公司的创始人计划将管理权移交给她的儿子，她的儿子这些年来一直在接受合格的

"知识结构"培训，然后将着手建立一个新的管理团队。她的儿子解释了目前的情况："他们（创始人和她的丈夫）必须交出管理权……公司过去是靠我母亲的个人魅力来支撑经营和发展的，但现在我们需要企业本身来启动。"[1] 作为家族的第二代成员，创始人的儿子似乎有很强的动力将公司从"家族式管理"转变为"科学的市场管理"。S 文化创意公司目前一直在寻求更多的融资资源，包括社会影响力投资，甚至银行贷款，以及之前的私人投资。其创始人希望投资方能够为公司带来新的资源，如人才、管理工具和模式、业务咨询等。她将此次融资视为 S 文化创意公司拥抱更广阔世界的契机，希望在不久的将来引入新鲜血液，深度参与公司的发展。对于 S 文化创意公司来说，其创始人则希望能让更多的社区工作人员以及当地居民参与到社区型社会企业的运营和管理中来。

这些社会企业在探索改善自身状况的方法时，需要避免陷入内部人才管理的"赋权陷阱"。1976 年，所罗门在社会工作领域正式提出了"赋权"的概念。经过四十多年的发展，它已成为一个重要的实践框架。赋权理论认为，如果个人或社会群体缺乏资源，无法实现自己的目标，就会产生无力感；而赋权的过程可以促进被服务方获得和增强生活控制感的能力，实现独立决策和参与社会生活。赋权的主要目的是帮助被服务方增强运用权力的能力和信心，将权利从某些群体和个人手中转移出去，帮助被服务方获得对自己生活的决定权和行动权（Payne，2005）。吴帆及吴佩伦（2018）指出，赋权理论具有鲜明的人本主义取向，强调对被服务方潜能的培养和开发。在中国社会

---

[1] 冯先生，个人访谈，2020 年 4 月 17 日。

工作的理论研究和实践中，研究者运用了经济、政治、文化等不同视角，但都强调了被赋权方积极参与、权利意识、促进自我表达的重要性。

然而，赋权的概念有可能陷入异化，赋权的失败（如低效、无效甚至剥夺权力）时有发生。这些赋权失败被称为"赋权陷阱"。从一般意义上讲，"陷阱"指的是一种难以摆脱的处境或状况。因此，"赋权陷阱"可以用来描述这样一种情况，即在尝试使用赋权方法开展工作的过程中，赋权的意义可能会被剥夺，而被削弱的赋权意义又会重新回到人们的手中，从而导致人们感到权力被剥夺（Adams，2008）。同样，在社会企业的内部管理以及人才招聘和发展中，尤其是那些正在转型的家族企业，"赋权陷阱"可能依然存在。

笔者想用吴帆和吴佩伦（2018）提出的基于 C（情境）、R（关系）、E（经验）的解释框架，来进一步探讨社会企业的人才赋能问题。在这一框架下，情境对个体的影响机制通过情境所包含的规定性（制度性因素和非制度性因素）和文化意义作用于个体。在一定的社会情境中，如果社会企业的决策者和内外部合作人才能够对社会现象进行合理的描述和解释，往往能够对赋权效果起到支撑和保障作用。在二者关系的形成和运行过程中，主要有两种影响机制（规范影响和信息影响）发挥作用。规范影响指的是个体满足他人积极期望的一种影响，而信息影响指的是从他人那里获取信息并将这些信息作用于行动的实际证据。根据笔者在 M 文化传媒公司的工作经验，如果过分强调规范影响和信息影响对人才的意义，就会导致社企决策者或人才自身忽视关系构建中的主体能动性，从而可能导致"赋权陷阱"。人才是否愿意主动向社企决策者表达自身的态度、想法和感受，以及赋能的内容，直接决定了赋能的效果。如果人才有足够的经验、积极的自我诠释和社会沟通，就会促进双方关系进入良性运行状态。吴帆和吴佩伦（2018）进一步指出，C（情境）、R（关系）、E（经验）之间存在结构关系。情境因素的规定性和文化意义引导着二者关系的定位，二者关系在一定程度上决定着人才个人体验水平的高低。基于对四家社会企业的调查，笔者认为社会企业亟须重视内部人文创业的建设，这是有机联系 C（情境）、R（关系）、E（体验）的核心基础。笔者采用的这一概念来自 Lundstrom 和 Zhou（2014）的创业三维视角，即社会维度、商业维度和人文维度的结合。人文维度被定义为在组织中创建共同的内在价值体系；其外部表现将影响公众对该组织的认可以及潜在员工的招募（Lundstrom & Zhou，2014）。他们认为，人文维度与其他两个维度不同，主要在于它能更好地反映公司产品和服务组合所产生的内部价值的形成。就成都的社会企业而言，笔者认为它们应该以三维视角整合完整的价值创造战略。目前人文维度被忽视，而社会维度和商业维度却被过分强调。这些社会企业目前所遭遇的人才困境与其家族管理模式，以及这种模式所导致的内部人文创业的缺失密切相关。

三、扩张的迷思

关于社会企业的可持续发展，有一些无法回避的问题，即社会企业是否会扩大规模，以及如何通过财务方式实现可扩张性。

M 文化传媒公司联合创始人明确表示，他们不会扩大规模：

就像刺绣一样，我们希望一针一线都到位，这没
有捷径可走。我们也不想一下子扩大规模，成为所谓
的平台型社会企业。我们只想一步一个脚印地打造百
年企业，甚至千年企业。[1]

与 M 文化传媒公司的选择不同，C 文化发展公司的创始人
一直在为扩大业务寻求资金。她认为，只有获得财务投资，公
司才能整合已有的文化艺术资源，继续扩大业务。此外，其创
始人强调，她对资本介入的期待是引进人才。一方面，公司可
以提高优秀员工的待遇，有利于吸引和留住人才；另一方面，
投资也可以带来知识和人力资源。在投资主体（来源）方面，
她详细分析了从商业资本和政府投资机构获得投资所面临的问
题。对于商业资本来说，会涉及更多的法律问题和投资风险。
"如果他们给你 800 万，他们至少要拿走 10%。"[2] 这位创始
人略带伤感地说："我的律师建议我们向银行贷款，因为利率不
会（比 10%）更高。"但同时她也意识到获得此类投资的风险，
比如，一旦出现问题，可能会面临债务压力。然而尽管如此，
她仍然坚持认为，社会企业引入商业资本是"把蛋糕做大"的
好方法。至于政府投资机构，她似乎对其多元化的投资策略感
到困扰：

政府可能担心过多的资金只投资于某一家社会企
业的话，如果（该社会企业）业务失败，问责就会出

---

[1] 冯先生，M 文化传媒公司管理者。公司办公室进行的个人访谈，2020
年 4 月 17 日。
[2] 袁女士，个人访谈，2020 年 4 月 22 日。

现，贪腐的传言也会出现，所以政府会去资助一定数量的社会企业。但是，如果每家社企只给一点，就不能形成合力，也不能树立行业标杆。况且，这家社企去年获得投资，今年很可能因为政府（出于权衡因素）要照顾其他公司而不能再获资助。但如果一切都是透明的，他们还担心什么呢？①

自 20 世纪 90 年代以来，通过商业资本扩大规模已成为世界潮流。不仅商界精英开始汇聚于社会创业领域，社会领域的投资和财务管理也注入了商业思维。在"良性资本"概念（Letts，Ryan & Grossman，1997）的影响下，基金会、国际组织和政府投资机构也开始采用商业手段和方法。在我国，社会投资也是一个相对较新的概念，其发展仍处于初期阶段。掌握大局观有助于更好地了解这些社会企业的外部投资环境以及相应的挑战。

南都公益基金会在其 2019 年的报告中，为中国的社会投资描绘了一幅宏大的图景，其中包括三种不同的社会投资主体（商业投资机构、政府投资机构和基金会）：

在调查的 12 家商业投资机构（主要分布在沿海和经济发达地区，包括 3 家在中国大陆积极从事投资业务的国际商业投资机构）中，主要产生积极的社会影响（100%）和财务回报（91.7%）。影响力投资是被调查的商业投资机构的主要社会投资形式，股权投资占大多数。66.7% 的机构的资助期为 5—7 年，半数以上的机构提供非财务支持服务，包括日常管理指导、社会资源链接、市场营销、融资策略和营收管理、人力资源管理、财务管

① 袁女士，C 文化发展公司的创始人。公司办公室进行的个人访谈，2020年 4 月 22 日。

理 / 会计服务等。筛选社会投资项目时，关注的风险主要包括商业模式 / 项目实施和管理风险、社会和 / 或环境影响风险、市场需求和竞争风险。

报告还显示，受访的商业投资机构对投资社会企业信心十足。受访的商业投资机构在社会投资项目中的财务表现和影响力表现大多符合或高于预期，70% 受访的商业投资机构对未来三年的社会投资规模有增长计划。然而，制约商业投资机构在该领域发展的因素主要有：社会投资法律法规有待补充、市场规范不足、专业人才紧缺、缺乏完善的社会影响力评估机制等。

在调查的 13 家政府投资机构中，它们都主要通过资助的方式提供公益创投服务，不要求经济回报。它们的投资目标是，追求最大的社会影响（100%）和积极的环境影响（46.2%），主要期望被投资企业能够实现预期的社会目标或环境目标，以满足公共服务的需要。政府型公益创投偏好处于初创期（69.2%）和成长期（53.8%）、亟须资源培育和支持的社会企业，并注重提高初创期社会组织 / 社会企业的能力建设；投资周期相对较短，1 年内（46.2%）或 1—3 年（30.8%）；单个项目投资金额相对较小，5 万—20 万元（61.5%）。政府投资机构在公益创投中一般采取风险规避（38.5%）或风险中立（30.8%）的原则，采用财政支持与非财政支持并行的方式，旨在通过一系列增值服务帮助社会企业提升组织能力，这也是公益创投区别于传统政府购买的重要特征之一。其中，"链接社会资源"（92.3%）、"日常管理指导"（76.9%）、"财务管理或会计服务"（61.5%）、"运营管理"（53.8%）是其提供最多的增值服务。

由于缺乏系统的公益创投评价指标体系和关键指标设计，目前的评价方法难以有效反映公益创投的社会影响。受政府财政管理政策的影响，政府投资机构的退出机制与传统商业投资机构不同。一般来说，其退出机制的设计并不以是否实现财务回报为依据，政府投资机构在资助期结束后即退出。

在 19 家被调查的基金会（包括 13 家非公募基金会和 6 家公募基金会）中，社会投资资金主要来源于自有资金（78.9%）和慈善捐赠（68.4%）。受访的基金会的社会投资方式包括两类：公益创投资助（63.2%）和影响力投资（63.2%）。公益创投资助的资助期少于 5 年，最常见的是 1—3 年（58.3%），且不要求财务回报。影响力投资的资助期主要为 3—5 年（50%）和 1—3 年（41.7%），其中大部分预期回报低于市场利率（41.7%）或接近市场利率（25%）。除资金支持外，它们还提供各种形式的非资金支持服务，帮助投资对象或资助对象快速成长。受访的基金会最关注的社会投资风险包括：商业模式或项目实施与管理风险（89.5%）、社会和 / 或环境影响风险（73.7%）以及财务风险（47.4%）。近 70% 的受访的基金会对社会投资项目进行了影响评估或项目评估，绝大多数基金会对投资项目采用了自行设计的评估系统。基金会的制约因素还包括外部政策不配套导致的合规风险，以及内部人才的缺乏。

在成都社会企业生态系统的背景下，社创星被期望从集体影响力的意义上协调和管理整个过程。然而，作为市场监管局的外包机构，它需要直接向该政府部门汇报工作。在认证范围之外，它缺乏有效的资源整合能力。至于这个生态系统中的另一个政府部门——社治委，作为一个新成立的部门，它在资源整合方面也面临着巨大的挑战。由于政府部门的定位不同，各自承担的绩效评估任务也不尽相同，相互之间难以协调和实现有效合作。此外，在效果评估方面，各投资机构、社保机构、社区等在如何衡量和评估效果方面也没有达成共识，这也使得多方在解决问题时很难有共同的目标。笔者认为，社会企业生态系统是多元化的，具有不同程度的复杂性。在这个系统中，尽管成都市政府对社会企业有明确的定义，但各利益相关方对社会企业仍有不同的理解。同时，这个系统也不是一个封闭的系统。它具有外部吸收和自我演化的特点，参与者（以及影响他们的因素）也是多种多样的。这一点也可以从不同国家及地区对社会创业的多元认知和多样实践中看出来。因此，集体影响力在一定程度上只能是一种理想化的方法论，很难推广到更加开放的社会创新体系中去。

第八章

社会创业生态系统中的异化现象

除了上一章讨论的社会企业认同问题外，还需要探讨一些系统性问题。笔者将通过两个典型案例来探讨其中的基本问题。一个是"黑土麦田"案例，这是一家全国性的非营利组织，致力于通过大学生农村创业和社会创新开展扶贫工作。笔者以一个局内人的身份目睹了这一精英化的非营利组织在向商业资本靠拢的过程中走向激烈的内部冲突，同时在个人和组织层面都出现了异化现象。另一个案例，是成都的黉门社区型社会企业。作为一种新兴的社区型社会企业模式，这家屡获殊荣的社会企业在涉及公共资产时遇到了多重难题。

一、案例 1　精英化社会组织在社会创业过程中的异化

"黑土麦田"致力于通过大学生农村创业和社会创新，开展扶贫工作，该社会组织每年向经过严格筛选的中国优秀大学毕业生颁发为期两年的奖学金，对他们进行系统培训，并将他们派往贫困乡村开展产业扶贫项目。其使命是通过培养未来领袖，促进中国欠发达地区的经济平等，并产生可持续的社会影

响。"黑土麦田"的成员来自耶鲁大学、哥伦比亚大学和剑桥大学等世界一流大学。创始人之一的秦玥飞毕业于耶鲁大学，曾在湖南省贫困乡村工作五年多，是众多青年学子的人生榜样。"黑土麦田"于2016年启动了该社会创新项目，并在过去几年中得到了迅速发展。被招募的年轻毕业生会接受为期一周的集中培训，然后被分配到国内某贫困县中不同的村子里，每队2~3人。他们需要在所分配的村子里进行为期一个月的产业调研，然后以团队为单位提出自己的商业计划。商业计划通常涉及与当地人一起建立农民专业合作社，试图通过创业帮助当地贫困人口脱贫。这些大学生将在合作社中担任总经理，但他们不从中赚取任何工资或红利（除了"黑土麦田"每月支付给他们的服务补贴），所有产生的利润都归加入合作社的当地人所有，或将重新投资于产业本身。自2016年以来，"黑土麦田"共向某省某贫困县的25个村子派出了69名大学生，截至2017年年底，这些大学生已成立了12个农村合作社，主要涉及六大产业：农作物种植、畜牧养殖、农产品加工、乡村旅游、手工艺品和当地青年培训项目（社会服务）。

Si等人（2019）在回顾了大量选自顶级期刊的关于贫困问题的研究文献后，总结出了创业扶贫的五大视角（见表8-1）：补救视角、改革视角、社会与困境视角、学习与变革视角以及生存与创新视角。它们各有不同的侧重点。补救视角侧重于资源；改革视角强调富有成效的制度体系可以鼓励创新和创业；社会与困境视角认为解决具体困难是帮助贫困人口摆脱困境的有效途径；学习与变革视角则侧重于贫困人口的学习心态和行为改变；生存与创新视角致力于通过小额信贷和发展当地企业，在个人和家庭层面创造更可持续的发展。

表 8-1　通过创业扶贫的五个主要视角

补救视角	一般侧重于资源。它认为贫困是由资源稀缺造成的，如缺乏种子资本或其他有形资产。在历史上，资本积累和提供并没有为一个经济体或其企业或公民带来持久的优势
改革视角	更注重改革，而不是资源和资本投资。它假定制度空白和其他社会问题是造成贫困的主要原因。Rodrik、Subramanian 和 Trebbi（2004）认为，制度对经济增长非常重要。Acemoglu 和 Robinson（2012）则进一步指出，富有成效的制度通常会鼓励创新和创业
社会与困境视角	解决具体困难、取消烦琐限制以帮助贫困人口摆脱困境，可能是个人或社区层面的有效解决方案
学习与变革视角	核心是贫困人口的学习心态和行为改变。学者们提到，这一观点的关键在于允许试错学习，同时在这一过程中鼓励创业精神，强调学习创新，而不是惩罚失败
生存与创新视角	Si 等（2019）将自给型创业解释为"在贫困环境下的创业，在这种环境下，新创企业几乎不可能显著改善创业者或其家人的生活"，而是出于生活所迫。这一领域的扶贫"不仅仅是向贫困人口提供资源和播下发展的种子……它寻求通过发展当地企业、小额信贷以及提供模式简单的创新，在个人和家庭层面创造更可持续的发展"（p.8）

（资料来源：Si 等，2019；表格内容由笔者总结）

在"黑土麦田"的案例中，学习与变革的视角以及社会与困境的视角，在其大多数大学生参与者的社会创业中得到了体现。他们所做的前期调研，本是为了发现具体的问题和机会，以期设计出可行的创业项目，有效地消除棘手的问题。然而，在创业项目的运作过程中，许多大学生参与者逐渐遇到了一系列困难：与村民缺乏有效沟通，不具备必要的管理知识，没有足够的资金开展项目，等等。

上述困难的关键问题在于，某些创业扶贫视角的核心观点与因竞争逻辑导致的严格时间规范之间存在着冲突。例如，学习与变革的视角允许试错学习，社会与困境的视角通过明确当地贫困人口的具体困难来发挥作用。然而，大学生参与者在社会层面以及文化层面上都对被分配到的村子非常陌生，而且他们被要求在短短一个月内完成初步的行业调研，提出可行的商业计划以帮助当地经济发展。此外，每位大学生参与者的服务期为两年，这意味着他们必须在时间紧迫的情况下建立一个可持续发展的当地农民专业合作社。其他任务，如，在创业项目的不同阶段，接受当地和全国媒体的采访，也占用了他们大量的时间。他们要不断向"黑土麦田"市场部提供感人至深的励志故事，作为有说服力的材料，以便更好地为该项目募集资金。这些大学生参与者在其过往优秀的学习经历中，都接受过严格遵守时间规范的相关训练。面对极长的相互依存链，现代社会通过严格执行时间规范、时间表和截止日期规则以及紧急满足和响应来达成合作、调节和同步的需求。Rosa（2013）进一步指出，这种时间规范对"有罪主体"的产生具有压倒性的影响；现代社会制造了"有罪主体"，但没有任何同情和宽恕。在这种情况下，如果大学生参与者辜负了任何期望或落后于既定的时间表，就很难得到周遭环境甚至自己的原谅。因此，这些大学生参与者不得不拼命追赶进度，满足所有要求，即使有些任务并不是他们加入"黑土麦田"时所期望做的。一位大学生参与者在最终退出"黑土麦田"后说，夸大她的团队所做的工作以及他们为当地人民带来的社会影响让她感到很不舒服。她说，他们（大学生参与者们）必须陪同不同的政府官员、投资者和记者参观他们的村子和合作社，成为"黑土麦田"闪亮的"海报男孩"或"海报女孩"，这占用了他们大量的时间，以至于他们无法为社会创业本身做出贡献。这位大学生参与者后来写了一篇文章，表达了她对与她一起工作的贫困村民的歉意，因为她没有为他们带来真正的改变，而只是做了一些不成功的试验。诸如此类的言论清楚地反映了这些大学生参与者的一种异化感。正如 Rosa（2013）所说，每当我们自愿去做一件事，但这件事违背了我们的"真实意愿"时，我们就会感到异化。

"黑土麦田"随后的改革，将其与大学生参与者之间的矛盾推向了高潮。2018 年 4 月，"黑土麦田"启动了一系列改革。所有产业扶贫项目都被要求参加路演，由六位来自不同风投公司的代表进行评审，通过评审的项目将获得风投公司更多的资金和业务支持。"黑土麦田"提出的评判标准是，该项目能在多大程度上增强贫困村民的能力，并产生可持续的收入。"黑土麦田"期望通过商业资本的深度参与，扩大项目规模，并扩大社会影响力。改革宣布后，16 名 2017—2019 年的大学生参与者辞去了他们的项目工作。5 月举办路演后，有 11 个项目（24 名大学生参与者）未通过评估；只有 2 个项目（6 名大学生参与者）通过了评估。虽然未通过的项目有第二次展示的机会，但大学生参与者们开始质疑这种改革，其中一些人声称他们已经通过商业资本扩大了规模。这场冲突使得许多大学生参与者对社会创业的本质感到困惑，批评"黑土麦田"为何将商业资本放在如此重要的位置，甚至将他们的意见作为扶贫创业项目成功与否的评判标准。可以看出，六位评委更看重资源，他们的补救视角与学员们的扶贫创业理念并不一致。这场冲突表明，创造性、主体性和激情不再是为了旧有的"现代性"中的自主性，而是为了增强竞争力（Rosa，2013），升级加速的竞争逻辑已经侵入社会创业的本质，导致其部分要素发生异化。

异化不仅发生在个人层面，也发生在"黑土麦田"的结构层面。"黑土麦田"的内部结构主要分为两部分："前线"和"后线"。"前线"指的是在村子直接管理合作社的大学生参与者；"后线"则包括组织的其他部门（市场、募资、财务、人事等）。"后线"应为"前线"提供支持，例如，为大学生参与者组织管理培训，每月为他们提供补贴，为多个产业扶贫项目开展营销/品牌活动。根据社会创业的包容性和扩展性定义，"黑土麦田"完全属于社会创业范畴。在笔者看来，"黑土麦田"的特别之处在于它同时覆盖了社会创业区域中的两个区域（Swanson & Zhang，2010）：社会改善区域和社会转型区域。社会改善区域的社会创业者发起并运营这些组织，在一定程度上运用可持续商业实践来支持社会变革。在"黑土麦田"中，"后线"扮演着社会改善的角色，不同部门共同支持大学生参与者的社会创业项目，而"前线"则扮演着社会转型的角色，正如 Swanson 和 Zhang 所定义的那样，社会转型区域是"由希望通过其组织改变社会状况的创业个人或团体发起的……这些个人或团体直接采取行动，通过应用商业理念发起社会变革"（p.83）。"黑土麦田"内部的冲突，可被视为社会改善和社会转型共存于一个组织中所造成的社会创业的异化。Rosa（2013）认为，如果我们与时间和空间、行动、经验和互动者的关系被异化，我们就很难避免深度的自我异化。如前所述，大学生参与者（"前线"）在与支持部门（"后线"）的关系中产生了自我异化，同时社会创业本身也在这一过程中产生了异化。另外，"后线"发起的改革激化了与"前线"的矛盾，这一行为导致"黑土麦田"偏离了其社会创业的本质，持续打破 Rosa（2018）所说的"共鸣轴"。该"共鸣轴"的横轴描述的是主体与周围环境的共鸣形式，包括亲情、友情、政治制度等；纵轴则是"存在性"，描述的是自身存在与自然，甚至超越自然的共鸣形式，如，宗教、宇宙、艺术、历史等。2018 年 8 月底，"黑土麦田"仅剩 8 名"前线"大学生参与者。8 月 18 日，一批离开"黑土麦田"的大学生参与者在网上发表了一篇批评文章，对"黑土麦田"的财务透明度、创始人的诚信以及"后线"的专业性提出了质疑。这篇文章在一周内迅速传遍全国，超过 10 万人浏览了这篇文章。受此事件影响，"黑土麦田"作为全国性的社会组织"明星"，经历了成立以来最大的一次舆论危机。2020 年年中，笔者联系了 42 位大学生参与者，了解他们当中还有多少人在继续从事公益事业。结果出人意料，只有 8 人留在了公益行业，10 人硕士 / 博士在读，24 人在从事公益以外的行业。一些大学生参与者坦言，由于在"黑土麦田"的经历，他们对这个行业感到沮丧。

对于笔者来说，这个案例就像一个特写镜头，让我们看到了两种价值观的冲突：大学生参与者们想要坚持的社会价值观和"黑土麦田"采用的以市场为中心的价值观，它们在不同的层面上出现了异化。Rosa（2013）的分析很好地解释了为何"黑土麦田"选择深度拥抱资本，以及为何成都市政府在定义上要明确"社会企业即企业"，因为这对于提升组织竞争力，继续适应不断加速的社会是至关重要的。此外，笔者认为，Bauman（2000）所比较的两种社会形态的概念，即固态现代性和流动现代性，也有助于我们加深对这一问题的理解。固态现代性是以资本、劳动和土地的整合为特征的空间征服时代，它是一种厚重、坚实、集中、系统的现代性。流动的现代性是空间或地理意义终结的时代，其特征是资本、劳动和地理的分离，它是一种轻盈、流动、分散、网络化的现代性。在流动的现代性中，时间维度比空间维度更为重要。在 Bauman 看来，流动的现代性并不是指"整个社会"的变化和发展，而是特指人们生活在其中的各种规则、规范、框架、模式等的流动。但这些东西恰恰是人们树立理想、改变现实不可或缺的工具和手段。它的不断液化，意味着现存秩序失去了选择的可能，甚至没有选择，只能处于流动停滞的状态。此外，Bauman 认为，在流动的现代性中，以市场为媒介的生活方式使得市场机制、规范和价值观渗透到人类生存的每一个层面，并取代社会阶层成为社会身份和差异的主要定义者。

　　笔者认为，在加速社会中，社会企业生态系统中的所有利益相关者，以及参与其活动的每一个人，也都面临着深度异化的风险。在这样的社会背景下，社会企业形成怎样的身份认同，如何确保其使命不会在两种价值观的冲突下偏离，需要建立怎样的内部机制来实现可能的"调解"和"消化"等问题，都值得我们深入探讨。此外，社会和公众应看到"消费者立场"在社会企业发展中的风险和挑战，而不是想当然地不加批判。强调"计划性"、"生产力"和"效率"的必要性，以及"手段－目标"的合理化，也会给社会企业的发展带来相关的伦理风险。笔者注意到成都正在兴起一种以社区为基础的新型社会企业，通过下个部分簧门社区的案例，笔者将具体讨论其中的伦理问题。

二、案例 2　社区型社会企业在社会创业过程中的异化

社区创业已进入人们的视野，尤其是在区域发展方面。Peredo 和 Chrisman 将社区创业的概念定义为企业家和创业企业追求共同的公共利益的社区合作行动。此外，社区创业也因其社会改革的能力而得到政府部门的认可。据经济合作与发展组织（OECD）报告，在公共部门和私营部门之间存在更多以地方和社区为基础的企业和团体，它们不仅为社区提供了更多、更好的就业机会，同时还为社区的创新发展做出了贡献，其企业化的运营模式也更利于可持续发展。通过社区创业，企业家能够识别机会进而为社区创造社会效益，以满足因结构变化、缺乏创新、资源匮乏或组织薄弱而产生的社会需求。有学者（Pierre，von Friedrichs & Wincent，2014）在进行了广泛的文献回顾和分析后指出，社区企业的重要属性包括地方可持续发展、社会－经济价值、社会网络、集体性和充满干劲的企业家。

成都将社会企业作为社区发展的重要工具。扎根于成都的社区型社会企业有哪些特点？它们在成都的社会企业生态系统中扮演着怎样的角色？

在作为 M 文化传媒公司的全职员工，进行实地考察期间，笔者有很多机会与成都的其他社会企业同行和社区建立联系。2019 年 10 月，笔者代表该社会企业参加了在成都举行的"2019中国社会企业与社会影响力投资论坛"。作为论坛的一部分，笔者参加了三次不同主题的实地考察：其中一次实地考察的主题是社区治理（考察成都一家社区型社会企业）；第二次实地考察的主题是科技赋能（考察成都一家科技型社会企业）；第三次实地考察的主题是商业向善（考察成都一家商业企业的向

善模式）。

本案例中，我们关注的是簧门社区——一家快速成长的社区型社会企业（它也是成都的一家认证社会企业）。簧门社区位于成都市武侯区玉林街道，占地面积 0.7 平方公里，有居民院落 43 个，常住居民 6 300 余户、人口 1.8 万余人，登记的流动人口 5 000 余人，日人流量达 10 万余人。辖区内有四川大学华西医院等 4 家高水平医院和一批高端医疗机构，属于医疗资源集中区。簧门社区是成都积极探索构建社区治理模式的实践者，其社区居委会创设了社区型社会企业"3+N"体制，即设立公司（四川簧门宜邻居民服务有限公司）、设立基金（簧门社区公益基金）和监督制度（资金监督、公司内部监督、公益基金使用监督等），并实施多个服务项目。通过"公益性＋市场化＋可持续"的运作模式，协同市场机制和社会资本，吸引社会资源投入社区服务，从而提升社区服务能力。

在簧门宜邻的管理架构中，董事长（法定代表人）是该社区居委会主任；投资的股东来源不同，其中民间资本占了很大份额。

据簧门宜邻的工作人员介绍，作为社会企业，其社会属性主要体现在社区居民的参与和社区公益基金的设立两方面。一方面簧门宜邻面向社区居民开放股份认购，截至 2020 年 10 月，已有 18 位居民认购了该社会企业价值 28.5 万元人民币的公司股份；另一方面，簧门宜邻税后利润的 20% 会投入社区公益基金，用于社区开展助老助残、居民服务和儿童教育等项目。截至 2019 年年底，这家社区型社会企业与不同公司合作开展了 6 个项目，涵盖了养老、健康管理、文化活动及新零售服务等领域。

养老服务项目是由社区型社会企业依托该区华西医院优质医疗资源，与成都乐生养老科技有限公司、中国电信合作建立的社区嵌入式健康养老中心。项目占地面积 1 630 平方米，内设床位 91 张。采用"医养结合"的方式，为老年人提供长期护理、日间照料、术后康复等社区医疗服务。项目自 2019 年 5 月投入使用以来，已入住老人 10 人。

健康管理项目是社区型社会企业整合华西医院、四川省医院、中医药大学等专业资源，与成都青羊区言康医联诊所有限公司合作成立的健康管理中心。中心设有五个专家门诊，为居民提供专业的妇科、儿科等诊疗和健康管理服务。同时，中心的目标是打造线上、线下一体化的企业和个人健康管理服务平台。该项目于 2019 年 7 月初正式运营。

奶奶厨房项目由社区型社会企业与四川都市阳光农业有限公司联合打造。位于社区黉门里 – 华西坝人文生活体验馆内，可容纳 180 人同时就餐。项目提取利润的 20% 为社区内 80 岁以上老人提供免费送餐服务。

艺术与咖啡馆项目是由社区型社会企业与四川三联文化传播有限责任公司联合打造的集人文艺术欣赏、现代科技感知、传统茶艺体验、社区人才培养为一体的"成都慢生活"体验项目。项目位于黉门里 – 华西坝人文生活体验中心，提供艺术鉴赏培训、机器人俱乐部、儿童读书会等服务。

智能共享书屋项目是由社区型社会企业与成都善融科技有限公司联合打造的社区"图书馆"。该项目以遍布社区、学校、街道、车站（地铁）的智能共享书屋为基础。通过"互联网 +"的方式，一本书可以在社区的任何地点借阅和归还。

新零售项目由社区型社会企业与本土连锁超市红旗连锁合作，探索居民购物的场景化、碎片化需求，打造"15 分钟社区便民生活服务圈"。项目主要分布在医院、学校、住宅小区、商业楼宇等人流量大但相关服务缺失的场所。目前，该项目已与四川大学华西医院签订协议，首批 21 个点位已落实。项目运营收入的 7% 将投入社区公益基金。

据簧门社区型社会企业的一份报告显示，簧门社区社企成立（一年前）以来，通过"市场 + 公益"的项目服务居民，实现了资金周转。簧门社区社企市场估值 3000 万元，产值 200 多万元，基本实现收支平衡，略有盈余。投入社区公益基金 10 多万元，开展扶贫济困、扶残助残、关爱儿童等公益活动 52 次，服务群众 5 000 多人次。

成都的这类社区型社会企业在国内备受关注，其成果已获得一些地方和国家级奖项。有发展资源的社区社会企业在带动社区发展活力、促进社区治理方面的作用有目共睹。鼓励这些有资源、有能力的社区干部运用"经营社区"的理念进行社区的发展和治理，这类创新尝试应该成为解决社区面临的各种问题的重要思路之一。

然而，与这些企业的出现和发展相关的一些伦理问题也值得关注。通过对这一问题的访谈和焦点小组讨论，各相关方表达了自己的观点。我们可以将这些意见具体归纳为以下四点。

（1）股权结构中公共资产占比较低。从成都的社区型社会企业的例子中看到（与簧门宜邻不同，成都还有一些社区独资的社会企业，如，正因金瑞），为支持社区的发展和治理，各级政府投入大量财政资金升级社区基础设施或为社区型社会企业投资空间资源。但是，社区型社会企业使用的国有资产、国家财政资源和公共资源等固定投资并未纳入其股权结构，这使得社区型社会企业现有股东仅仅是社区居委会或其他市场投资主体，而社区集体所有的公共资产或社区空间资源在整个股权结构中所占的比例微乎其微。

（2）收入分配中社会属性不突出。衡量社会企业的重要标准之一是其社会属性，包括社会服务的性质、社区治理的功能以及营业收入的分配。目前，各社区型社会企业的分配方案各不相同。例如，正因金瑞除了员工工资和少量的社区公益活动支出外，计划对企业进行再投资，准备逐步将这笔收入用于提升整体的社会服务水平。相比之下，黉门宜邻的运作较为商业化，其严格执行利润的 20% 作为社区公益支出。它的一些公共服务项目主要面向整个市场，与社区本身的关联度较低。

（3）社区工作重心可能有偏移风险。由于社区型社会企业由社区出资，社区居委会主任负责管理，有人担心社区工作的重心会从服务居民，转变为经营社区商业，以便从中赚取更多利润，因而影响到社区的日常工作。其中一位在当地社企孵化机构工作的受访者说道："在目前的社区型社会企业模式下，如果社区居委会主任不能分享所得利益，他们就没有动力；如果允许他们分享利益，那社会企业该怎样合理地处理这个问题？社区居委会的日常工作又该由谁来具体负责？"另一位受访的某社区前居委会主任则表示，她不会选择成为社区型社会企业的董事长和法定代表人，"我担心以后会难以解释（这种身份问题），即使我这样做仅仅是出于更好地为社区服务的美好意愿。我宁愿做（社区型）社会企业的董事会成员，但不会去做它的法人和管理者。毕竟社区居委会主任的工资是由政府财政拨款的，必须按相关制度管理。（社会企业的）利益相关者很多……你（同时作为社区居委会主任和社区型社会企业的管理者）可能很难进行制约"。

（4）不公平竞争的隐患。与一般社会企业相比，社区型社会企业的优势之一，是有政府的资源背书，成本相对较低。从市场角度看，这种社会企业可能会同时产生正面和负面效应。一位受访者举了一个例子：

> 过去，华西医院旁边有一家民营护理中心，专门为不能住在医院的病人提供服务。在市场经济环境下，它做得很好。但现在，社区型社会企业与华西医院合作建起了护理中心，并且场所由社区无偿提供。在这种情况下，要自己交租金的民营护理中心肯定会被挤掉。[①]

考虑到以上问题，成都社区型社会企业模式在试点阶段还存在着诸多需要进一步探索、突破的地方。

与国内多个城市情况相似，成都社会企业的发展主要依靠政策驱动和政府引导。但目前成都面向社会企业的培育、认证和扶持政策并没有对社会企业的具体类型做相应区分，这也导致社区型社会企业存在的上述三个问题无法得到针对性的解决。为应对社会企业发展过程中产生的问题和挑战，政府需要在政策环境的营造和沟通机制建设上持续完善。

---

① 邓先生，成都市青羊区社会创业支持中心进行的个人访谈，2020 年 4 月 29 日。

基于 Lundstrom 和 Zhou 的分析模型，成都社会企业发展的公共政策战略可以基于财务利润和社会影响，集中在四个象限（见图 8–1）。象限 1 和象限 2（中利润，低 – 高社会影响）是社会企业的主要领域，具有一定的社会影响力和普遍收益，而非营利组织根据其特点位于象限 3 和象限 4（低利润，低 – 高社会影响）。明确不同象限之间的政策措施很重要。比如，象限 1 和象限 2，应对一般社会企业和社区型社会企业的认证和扶持政策有一定的区分。对于一般社会企业，可继续由第三方机构审核认证；但对于社区型社会企业，由于其直接使用国有资产和资源，对政府信用背书的依赖程度更高，需要体现政府责任，应在认证和培育上存在差异。此外，还要规范社区型社会企业的股权结构和营业收入的使用。关键问题是，如何确定社区型社会企业使用的资源是社区公共资源、国有资源还是私人资源。如何将这些资源作价进社区型社会企业，让社区居民从发展中受益更多，是一个核心问题。另一个挑战，则是社区型社会企业的营业收入分配如何体现服务整个社区的社会属性，它需要在系统层面进行再设计。现有的资金使用渠道是社区资金，但渠道相对狭窄，缺乏公众与市场参与度。同时，还需要慎重处理社区居委会在社区型社会企业中的定位——如何具体规划及平衡社区居委会主任在社区服务和社会企业工作上花费的时间和精力。需要专门指出的是，本研究不会就社区居委会对社区发展、社会网络形成所带来的具体影响展开论证，但考虑到企业家的个人特征对于社区企业发展的重要性，如何建立一个可持续的社区人才培养和交流机制，应是这类社区型社会企业需要纳入考虑的问题。

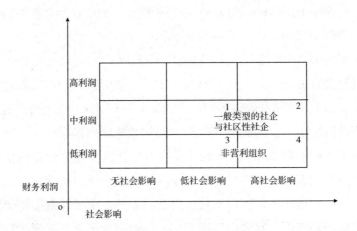

图 8-1　社会企业发展的公共政策战略重点

　　此外，在象限 1、2 和象限 3、4 之间，须继续利用非营利组织提供不适用于市场化、商业化的社会公共服务，如参保医疗、教育、养老服务等。我国传统的非营利组织确实有转型的需要，但仅凭经济因素，鼓励其转型为社会企业，无疑是有一定风险的。

第九章

现代性与异化

　　根据我们在前几章中发现的社会企业和生态系统中存在的问题，可以看出，社会企业受到我国经济发展变化的影响，而经济发展变化又反映了现代化的各种问题。然而，我们必须从更广阔、更理论化的层面来思考现代化，即"现代性"的概念。Black（1966）写道，"现代性"这一概念逐渐被广泛用于表达在技术、政治、经济和社会发展等方面处于先进水平的国家所共有的特征，而"现代化"则是指获得上述特征的过程。现代化主要是在经济学和社会学层面讨论的一个范畴，它表明社会从农业社会进入工业社会，在生产力、生产方式、经济增长、社会发展等方面发生了根本性的变化，在城市化、信息化、教育普及、知识水平提高等方面也取得了巨大进步。这些都是事实和经验问题，可以用量化指标来衡量，而现代性则是一个哲学范畴。它从哲学的角度审视和批判文明变迁的现代成果，抽象出现代化进程的本质特征。它注重从思想和行为方面把握现代社会的属性，反思现代意识和时代精神。现代性属于价值问题，即取向、内在原则、行为方式等的合理性问题。从这个意义上说，达到现代化的国家在现代性方面会有所不同，因为它们可以追求不同的价值观和行为方式，这表现为制度规范的差异（陈嘉明，2006）。

对西方哲学中的理性主义和理性观念的批判，构成了现代性批判的核心部分。现代性以理性为启蒙和建构现代社会的基础。然而，从韦伯开始，这种理性观念在被分析为工具理性与价值理性的对立之后，便被视为现代性问题与危机的根源。工具理性占据主导地位的后果是，功利主义的利益追求成为现代社会的主导，而启蒙运动所向往的社会公正等价值理想实际上被抛弃了。工具理性的概念后来成为现代西方哲学人文主义，尤其是法兰克福学派批判理论的重要社会批判工具。

一、法兰克福学派在中国

20 世纪 80 年代的文化"新启蒙运动"是当代中国思想史上一个重要的里程碑。它继承了 20 世纪 70 年代末政治领域的思想解放运动，启蒙了 20 世纪 90 年代文化领域的演变与分化。"新启蒙"特指文化、思想领域的知识分子对中国现代性的思考和讨论。当知识分子重新关注西方时，西方自身也经历着现代性危机，并对此进行了深刻的反思。世界历史的变迁造就了 20 世纪 80 年代西方现代性反思背景下的"新启蒙运动"。"新启蒙运动"中有三个哲学流派得到了重点关注。

（一）"走向未来"的科学精神（1984）

"走向未来"是金观涛主编的一套丛书，向读者介绍当代西方科学方法、理论和思潮。编委会希望通过宣传科学方法和科学理性来反思中国的历史和文化，从而促进思想启蒙。同时，

"走向未来"的科学精神还包括深刻的反思意识，包括倡导零增长的书籍（如《增长的极限》，反映了发展带来的环境问题和资源限制）。这类书籍看似不符合当时中国经济腾飞的大趋势，但却非常有远见，预见到了今天的问题。

（二）文化：中国与世界（1987）

"文化：中国与世界"丛书编委会引入西方近现代特别是欧洲人文哲学传统，启发对中国文化未来发展趋势的思考，这显然与"走向未来"的科学精神形成鲜明对比。这套丛书的核心人物甘阳（2006）提出，在历史转折时期，继承和发展"传统"最有力的手段应该是"反传统"。中国要进入"现代世界"，就必须彻底改变社会制度、文化制度和人格制度。这种激进的态度被批判为主张全盘西化。

（三）文化书院的社会关注（1984）

与前两个流派不同，这个流派对科学与人文、传统与现代、中国文化与西方文化都持温和、和谐的态度。该流派宗旨之一，是通过中国传统文化的研究和教学活动，继承和发扬宏大的文化传统。以李泽厚（1987）为代表，他从科学与人文的关系上强调个体的觉醒与解放，但也承认工具理性所造成的历史前提，因此他认为经济发展是最根本的任务。在传统与现代的关系方面，他认为传统必须在现代社会中继续发展；必须从传统中发现自己，认识自己，改变自己。

吕红霞（2019）认为，虽然法兰克福学派的批判理论在当时并没有真正进入这些启蒙知识分子的视野，但两者之间存在一定的一致性，20 世纪 80 年代的"文化新启蒙"与法兰克福学派都是在相似的历史背景下对自身传统进行的文化批判。法兰克福学派的批判理论是受迫害的知识分子在资本主义陷入危机时进行的自我拯救和意识形态批判。该学派延续了马克思对资本主义的批判立场，建立了跨学科的研究方法。它还深入研究了阿多诺、马尔库塞、弗洛姆等人对道德、美学、艺术和心理学的批判。20 世纪 80 年代在中国出现的"文化新启蒙"也是知识分子的文化批判和自我救赎。"文革"结束后，知识分子开始对其进行深刻反思。

2008 年，在法兰克福大学召开的一次会议上，来自中国、日本、韩国、德国、美国等国家的学者就法兰克福学派在中国的传播和影响进行了深入讨论。Honneth（2011）认为，中国学者不太关注批判理论的最新发展，而只关注社会研究所成立时期的某些批判理论代表人物（其中不包括 Habermas）。因此，他认为存在一种独特的不对应现象。一方面，批判理论的最新发展逐渐看到了其在文化取向上的局限性；另一方面，亚洲国家对批判理论的欧洲中心论尤为关注。Honneth（2011）对这种不对应关系给出了三种解释：（1）法兰克福学派早期代表人物所揭示的现代化所导致的具体倒退和社会征候，对于不同的现代化道路具有普遍意义；（2）法兰克福学派的经典著作在当今中国被视为一种欧洲文化遗产，因而具有一定的价值；（3）法兰克福学派的著作被中国知识分子视为解释当下社会和心理问题的有力工具。有学者评论道，法兰克福学派的现代性批判理论强调价值分析，在中国文献中很少被提及，但它很容易被中国学术界接受，并被用作反思中国现代性经验的批判和分析范式。因此，有声音认为，只要中国的现代性建构没有完成，批判理论就会继续在中国学术界发挥影响，而不会退出中国的理论生活，成为思想史上的遗产。对于 Honneth（2011）提出的中国学者不太关注批判理论的最新发展的问题，贺翠香（2012）回答说，中国学者之所以更热衷于第一代和第二代的批判理论，而在一定程度上"忽视"法兰克福学派批判理论的最新发展——即关于"再分配还是再承认"的论争——是由于中国国情的不同造成的。然而，她将不同时期批判理论的发展简单地归结为国情的不同，这种观点并不具有说服力。批判理论的第三代代表人物 Honneth 和 Fraser 将分配问题纳入理论思考，试图对当代资本主义日益加剧的经济不平等现象进行反思，这也是社会创业和社会企业开始受到更多关注的时期。社会企业在中国的兴起和发展，政府部门的改革和探索，需要多元力量参与社会建设和服务的呼声，以及对诸多社会问题的反思，都促进了中国社会企业生态系统的形成。从"生态系统"一词可以看出，这个生态系统中的主体间性和多种互动模式蕴含在不同而又重叠的认识领域中。Rosa 的社会加速理论为情境批判（Habermas）和情境批判的承认（Honneth）的相互理解增添了时间视角，更有助于我们理解这一生态系统中的动态变化和矛盾，尤其是其中的非同步形态和异化形态。

二、社会加速理论

Rosa（2010）采用了法兰克福学派批判理论的思想，认为加速问题在于现代生活中新形式的"异化"的产生，并以此建立了自己的社会加速批判理论。

关于批判理论的目的，Rosa（2010）采纳了 Honneth 的建议，认为指出社会症状，不仅是批判理论的核心目标，也是一般意义上的社会哲学的核心目标。在批判理论家看来，所谓的社会症状不仅表明"社会（物质和 / 或符号）再生产"的功能被扭曲或紊乱，而且表明社会再生产的过程可能出现根本性的断裂或变化。Rosa（2010）强调，用于判断社会制度和社会结构的规范不能脱离历史背景；批判的规范基础应建立在社会行动者的实际经验之上。然而，社会行动者总是有可能在不知情的情况下遭遇或承受某些事情。他指出，如果我们要判断人们是否正在遭受痛苦和经历异化，那么这种判断就不能仅仅基于外在的人性或本质，而必须基于社会行动者自身的（负面）感受、信念和行动。Rosa（2010）认为，当代批判理论最值得借鉴的方法，是根据行动者所认为的美好生活理念来批判性地审视社会实践。他得出结论，对于批判理论而言，最值得突破的点不是人性或本质，而是社会造成的困顿，然后转而批判性地分析美好理念 / 观念与实际社会实践和社会制度之间的关系。因此，确定一种主体想要追求善，但在某种程度上受到阻碍的社会状况，必然是社会批判的首要目标。Rosa（2010）进一步明确指出，如果有社会关系会伤害自我决定的能力，侵蚀个人自主和集体自主的可能性，就应该加以识别和批判，因为这样的社会关系会系统性地阻碍人类实现想象中的美好生活。

Rosa（2010）将批判理论的传统分为两种范式。第一种范式，涉及"超越内在世界"的原则。这一范式要求社会行动者知道什么是更好的生活形式和社会形式。他们表达批判理论所要识别的症状的感受，然后在日常实践中形成一定的知识来克服这些症状。第二种范式，与后结构主义反对将社会理解为一个由总体结构规律建立起来的整体相反，批判理论坚持将社会结构、社会制度和行动方式都理解为一种社会形态。其核心任务是找出并批判性地分析造成社会形态的规律和发展动力。

　　为了说明社会加速理论与当代批判理论中 Habermas 和 Honneth 的理论之间的关系，Rosa（2010）认为，基于沟通行动和承认模式的社会视角需要解释社会加速的动力。例如，Habermas（1996）提出的商议民主理念指出，现代政治如果经过一个多层次的民主过程，经过大量的辩论和过滤，所有的社会群体和个人都能提出要求和论点，商议和代表的过程会逐渐过滤掉不恰当的论点，澄清模糊的论点，最终才能形成具有集体约束力的法律。一方面 Rosa（2009，2010）认为，在后保守主义多元化和全球复杂性增加的后现代条件下，民主进程需要更多的时间，决策的背景条件和后果也变得越来越复杂。随着进程的加快，可用于决策的时间资源减少了。然而，技术革新的速度、经济交易的速度和文化生活的节奏要求在更短的时间内做出更多的决策。这意味着民主议事和民主决策的时间范围和时间模式的形成，与科技发展、经济发展、文化发展的进程开始分离，走向不同的道路。在后现代政治中，决定未来政策方针的不是更好或更有力的论据，而是令人恼火的，或多或少非理性的、大多是草率的直觉，以及煽动性的隐喻和形象（Rosa，2010）。另一方面，Rosa（2010）也看到，通过技术和媒体，民主的速度得到了提高，一些民意调查的力量可以迅速形成民意。然而，这样跳过了任何形式的审议过程，缺乏反思。任何更好的论点都不可能被提出、思考、权衡和研究，甚至会形成一些本能的、模糊的力量来抵制这样的论点。

　　另一个例子是 Habermas 的承认理论。Rosa（2010）认为，这一理论不像 Habermas 的沟通行动理论那样有时间限制，但它仍然需要考虑社会加速的后果。Rosa（2010）的论点比较了当代和前现代的承认模式与不尊重 / 恐惧之间的关系。在等级社会中，分配模式和承认模式都是事先固定的，因此争取承认的斗争只能是对既定社会结构的斗争。而现代社会的地位并不是预先确定的，分配模式和承认模式会根据一个人为自己赢得的地位而重新安排。世界的"动态"成为分配的先决条件。承认是根据人们参与竞争所获得的地位来分配的。因此，争取承认的斗争就是重新定义相对地位、荣誉和价值的斗争。然而，当社会加速发展的进程将社会变迁的步伐从代际间加快到代际内时，争取承认的斗争又将改变其形式。承认相关的财富、安全、权利等都是根据绩效来分配的。从这个意义上说，在争取承认的斗争中，我们努力争取的已经从地位变为绩效，承认日益成为一种日常竞争。Rosa（2010）解释说，在后现代时代，承认不再是可以积累的，它随时可能因为事态的变化和社会格局的改变而面临彻底贬值的危险。一个人的地位对于维持和获得社会评价的机会非常重要，但他仍然无法稳固地拥有这种地位，也无法确定这种地位在不久的将来是否会具有同样的重要性。Rosa（2010）由此得出结论，在竞争激烈的社会中，争取承认是社会不断加速发展的动力，而且随着社会变迁速度的加快，其形式也发生了很大的变化。通过考虑时间视角，我们能够充分把握和理解这种斗争。此外，结合 Rosa（2019）在其最新著作中提出的共鸣理论（Rosa 的共鸣关系指的是主体与世界相互回应的关系），他指出，如果能够创造出制度条件（无论是成文制度，还是不成文制度），主体与世界就能够有更多的机会实现和谐，那么主体就更有可能从世界中获得支持自我实现的条件。这些制度条件就是 Honneth 的"承认"。正是由于这些理论联系，Rosa（2010）将他的批判理论定位为 Honneth 承认理论的继承者和扩展者。

通过上述论证，Rosa（2009、2010、2019）认为，加速决定了现代社会的动力、发展和变化逻辑以及驱动力。他并不排斥作为社会基础的互动条件（包括沟通行动）和承认，但旨在提出一套意识形态批判，以探讨现代社会中自我认识的伦理性和时间性。

Rosa（2009）认为，"现代化是……一个合理化、差异化、个性化或工具性驯化的过程，除非我们在分析中加入时间视角，否则我们无法充分理解现代性的性质和特征及其结构和文化发展的逻辑"（p.79）。Rosa（2009）假设社会加速有三个方面，他认为社会加速可以"通过经验和期望可靠性衰减率的增加以及可确定为'现在'的时间跨度的收缩来定义"（pp.83-84）。第一个方面，是科技进步的加速。科学技术的进步可以为人类节省大量时间。然而，Rosa（2009）认为，由于技术变革的周期在不断缩短，在科技为人们节省时间、放慢生活节奏之前，它已经造成了第二个方面的加速：社会变革的加速。社会变革的加速意味着当下的收缩，完成事情的期限不断提前，新的事务层出不穷。

这自然会导致第三个方面社会维度的加速：生活节奏的加速。Rosa（2009）将"滑坡"现象[1]作为类比：

在一个各个领域都在加速社会变革的社会中，个体总是感觉自己站在一个滑坡上，长时间的休息意味

---

[1]"在资本主义生产领域：资本家不能停下来休息，不能停止竞赛，不能确保自己的地位，因为他要么上升，要么下降；没有平衡点，原地踏步就等同于落后"（Rosa，2009，p.88）。

着变得老套、过时，在经验和知识、装备和服装、取
向甚至语言方面都不合时宜。（Rosa, 2009, p.88）。

最后，Rosa（2009）解释说，"新形式的技术加速将被要求
加快生产和日常生活的进程"（p.89）。这三个方面不断反复循环，
这就是现代社会在各个方面不断加速的原因。社会加速并不一
定是坏事，甚至往往是必要的。但问题在于，现代社会生活节
奏的加快，对人们来说的确不再是一件好事。因此，Rosa（2010）
认为有必要追问：如果现代社会不断加速，甚至加速是现代社
会不可或缺的，但确实存在问题，那么加速带来的难题是什么？

Rosa（2009，2010）的论点，为从现代性问题的角度分析
社会企业生态系统，提供了启发性的见解。我们将运用其理论
框架下的两种批判形式，进一步深化对社会企业生态系统所蕴
含的相关现代性问题的认识。社会加速理论挑战并帮助我们探
索传统文化如何进行创造性转化和现代转型，同时发挥其批判
和规范功能，从而体现出文化现代性的内涵。社会企业生态系
统中的文化社会企业都从事着传统文化的保护和弘扬工作。它
们在这个生态系统中所面临的内外挑战，实际上蕴藏着深厚的
人文精神，可能与现代科技理性文化形成互补和对抗。

三、社会企业生态系统的两种批判形式

秉承批判理论的核心使命，Rosa（2010）采用了马克思和
早期法兰克福学派提出的一个概念：异化。异化是 Rosa（2010）
社会加速理论的核心概念。Jaeggi（2014）将"异化"定义为"一
种没有关系的关系"（pp.28–30），一种与世界的缺陷关系。人

们将自己构建的世界解释为完全给定的、无法控制的——他们觉得自己无法在世界上采取有意义的行动。Rosa 的"异化世界"关系引用了 Jaeggi 的概念，他希望在"异化"这一核心概念中探讨自我与世界关系的意义。"异化"反映了自我与世界之间关系的深层次和结构性扭曲，即主体"置身"于世界的方式被扭曲了。

同时，Rosa（2010）介绍了两种基本的社会批判形式。第一种，是对社会制度和社会实践的功能批判。功能性批判的核心是预测社会体系（或社会实践）最终将无法运行。第二种，是规范性批判，即从规范和价值观的角度来论证社会结构或分配本身并不是好的或不公平的（首先必须定义规范和价值观，并证明什么是好的和公平的）。Rosa（2010）的社会加速理论整合了这两种社会批判形式，认为由于社会加速，人类在生活的五个基本方面：空间、物体、行动、时间和自我中经历了大规模的异化。后现代社会的人们因这五种异化形式而受到生活节奏加快的困扰。

（一）功能批判：政治、经济与文化的不同步

Rosa（2009）指出，这个封闭式、自我推动的社会加速循环主要由三个外部因素驱动：经济、结构和文化动力。

就社会结构而言，系统处理过程中的各个子系统，包括经济生产和分配、技术发明和艺术创作，都按照各自的原则或规则加速发展。然而，所有子系统的加速能力并不相同，这就造成了不同步。Rosa（2009）解释道，社会加速进程加速了社会基本结构（协会、团体和集体的结构及其相应的角色结构）的社会变革。例如，家庭和职业结构以及社群和环境都变得非常

不稳定、易变和偶然，这进一步加剧了晚期现代社会的社会融合问题（Rosa，2009）。在文化层面，"当下"的收缩——"行动取向和社会实践保持稳定的时间跨度缩短"（Rosa，2009，p.109）——是最基本的社会加速效应。实践、生活方式、政治和职业承诺的快速变化使得晚期现代社会的文化充满变动。

1. 时间视角下的政治

Rosa（2010）认为，要理解政治制约着科学、技术和经济的发展方向和运作框架，就必须假定政治决策与社会演变是同步的，或者至少是可以同步的。Rosa（2009）指出，民主是一个耗时的过程——组织公众、达成共识、评估、讨论和执行决策都需要时间。但是，在晚期现代语境下，社会变得更加多元化；如果社会群体变得更加异质和动态，背景条件一直在高速变化，那么形成民意的过程就需要更长的时间。如果社会变迁、经济变迁、文化变迁的加速相同，那么民主舆论的形成和决策的速度就会减慢，最终导致政治与社会经济生活的演进不同步。如今，人们不再认为政治将决定社会变革及其演进。进步政策的特点是希望在时间结构上控制政治意愿、技术和经济的进程与发展，进而通过政治手段在一定程度上控制速度，稳定或抵御社会变革的趋势（Rosa，2010）。Rosa（2010）指出，政治操纵在早期现代性和古典现代性中是促进社会变革的工具，但在晚期现代性中却成为社会加速发展的障碍。放松管制、私有化和合法化都是消除政治操纵的指标。

在成都社会企业生态系统的形成和发展过程中，近三年来的行政部门改革（成立社治委，统筹过去分散在多个部门的社区治理／服务职能）和相继出台的扶持政策（税收、金融、购买服务等优惠政策），在一定程度上顺应了不同步的要求。成都目前在社区治理、社会事业发展等方面的政策环境在国内处于领先水平，外省的政府部门负责人也曾来成都考察学习。笔者在采访成都市社治委相关负责人时，就听到了一个具有代表性的考察故事。其中，某省政府部门负责人对成都市政府敢于在社区治理中"放手"，将传统上属于政府部门的职能外包给专业社会服务组织（包括社会企业）感到惊讶。他们担心，这样做会削弱政府对基层的管控能力，使原本属于公益领域的社会服务走向市场化。对此，成都市社治委的负责人分享了他们的改革实践经验：多元参与会激发社区深层次的活力，同时在这个过程中会形成一种专业化和秩序化。政府部门在其中的角色不再是"家长"，而是支持性的"伙伴"。

　　然而，除了上述积极意义之外，成都的社会企业生态系统还存在着一种不容忽视的不同步现象，比如，社区居委会领导的社区社会企业的实践。在社区需求的经济驱动和优势资源的整合下，社区居委会正在突破原有的官方角色[①]，在社会企业的定义、框架下，探索成都市社会企业的整合模式。他们的探索充满了经济抱负，但仍然背负着责任包袱（原有角色没有改变），二者的不同步直接引发了公共资产的占有和分配争议，以及社区居委会主要负责人在这类社区社会企业中的角色定位

----

① 根据现行的《中华人民共和国城市居民委员会组织法》（1990 年 1 月 1 日实施）第三条规定，社区居民委员会的现行工作内容如下：（1）宣传宪法、法律、法规和国家政策，维护居民的合法权益，教育居民依法履行义务，保护公共财产，开展丰富多彩的文化活动；（2）办理居民的公共事务和公益事业；（3）调解民间纠纷；（4）协助维护社会治安；协助政府或其派出机构做好与居民利益相关的公共卫生、特殊照顾、青少年教育等工作；（5）向政府或其派出机构反映居民的意见、需求和建议；（6）开展惠及居民的社区服务活动，可以兴办相关服务事业。

问题。现有的社会企业认证制度和配套政策并没有专门针对这类社会企业，但它与一般意义上的社会企业明显不同。

此外，各级政府部门对社会企业的培育和发展的认知不同步，也造成了社会企业生态系统的功能失调。成都（以及其他代表性城市）社会企业的政策环境主要取决于各级、各领域政府官员对社会企业的认知，以及政府、市场、社会三者关系的重塑。在此背景下，政策的制定和实施会因主要领导和部门职能的变化而不稳定。

此外，社治委成立后，需要更深层次的跨部门协同创新，这对牵头部门干部的学习能力、创新能力、协调能力提出了更高的要求。目前，基层干部很难跟上社会企业快速发展的步伐。在社会企业生态系统中，并没有专门针对他们的培训。一位受访者表达了如下担忧：

> 成都推行的一些新政策比较先进，但我们基层的干部职工未必能达到政策制定者的思维高度。所以，制定出来的政策很前卫，但在执行的过程中其实是有很大差距的。我觉得这个差距来自两方面的矛盾：第一个方面，是目前我们整个干部团队的能力还不足；第二个方面，是现有资源的限制。你要做更多的工作，但是预算没有增加，怎么做呢？另外，专职的工作人员也比较少。例如，地区一级社治委的工作人员……他们要支持非营利组织、协调社会企业、监督社区基金……①

---

① 邓先生，成都市青羊区一家社会企业孵化器的高级经理。个人访谈，成都市青羊区社会创业扶持中心。2020 年 4 月 29 日。

受访者的描述反映了社会企业生态系统功能失调的两个层面：首先，内部和外部专业度不匹配。在政府部门外部，一些传统上属于政府部门的职能可以"外包"给专业的社会服务机构，使某些领域的工作（如，社区服务）更加专业化、功能化；但在政府部门内部，由于资源（资金、人才、培训）的限制，在实际操作层面缺乏专业化分工。其次是，"先进"政策与传统行政惯性之间的不同步。成都的社会企业发展和社区发展政策对标的是世界发达国家和地区（如，社会企业认证和扶持办法参考了英国），但行政管理仍是块状结构。社治委的出现，在形式上打破了这一传统，但在实际运作中，它并不是一个能够调动资源的部门，只是负责统筹协调原来由多个部门负责的社会事务。同时，它要协调的部门和事务太多，而那些传统的部门具有很强的独立性和职能性。另外，由于同样的内部资源限制，社治委很难真正实现有效的社区发展资源整合。

Rosa（2009）指出了社会领域和职能领域不同步的一种形式。正如他所说：

> 与普遍的观点相反，现代性并没有建立一种单一的、抽象的、线性的时间形式，使其各个子系统同步。相反，功能分化的过程产生了一系列几乎自生的子系统，如，经济、科学、法律、政治、艺术等，所有这些子系统都遵循自己的时间节奏、模式和视野。正如没有一个统一的社会或实质中心来管理这些子系统的运作一样，也没有一个统一的时间权威，而这反过来又导致了时间上越来越不同步。(p.104)

上述分析也反映了社会企业生态系统的结构性问题。除了解释一些具体的功能失调的不同步外，它也可以作为对近年来社会创新领域兴起的"集体影响力"的批评。

2. 文化不同步

在晚期现代社会的时间结构中，存在着另一种功能失调的不同步，影响着文化再生产（Lübbe，2009）。在文化再生产中，文化规范和知识的传承反映了社会的稳定性和连续性；这是一个不可避免且耗费时间的过程。如果由于世界的动态变化，代际之间不再有任何稳定性或只有一点点稳定性，那么代际之间实质上就相当于生活在"不同的世界"，社会符号的再生产就会面临断裂的危险。要想创造性地应对不断变化的社会形势，就必须有较多的空闲或富余的时间资源来玩耍、发呆和放松。因此，不断追求创新和变革的现代社会最终会从根本上损害创新能力（Rosa，2009）。Rosa（2009）认为，在看似过度活跃的晚期现代社会背后，僵化的凝固形式已然出现。

成都社会企业生态系统中的文化类社会企业的社会使命，本质上就是应对文化不同步所带来的危害。例如，D 文化遗产保护公司专注于传统书画作品的修复和保护，M 文化传媒公司和 C 文化发展公司致力于传承传统民族工艺和文化，S 文化创意公司则在不同的场景（如，旅游景点或社区）中挖掘本土文化，制作文化产品，试图展示和重拾那些可能在飞速发展的时代中遗失的知识和记忆。有趣的是，这些致力于维系社会符号再生产、连接不同时代的社会企业，依然承受着现代社会求新、求变的巨大压力。如何在市场压力下尽快实现产品／服务创新，如何寻找新的业务增长点，如何与相关方进行有效互动，都是关系到这些文化类社会企业生存和发展的重大问题。"黑土麦田"

的例子也反映了类似的症状。年轻的大学生们原本希望通过产业创业活动扶贫，但当他们发现自己被限制在严格而密集的时间节点上时，产生了强烈的异化感。他们并没有利用自身的适应能力和创新能力实现项目目标，相反，他们在过程中不断妥协，不断怀疑自己，最终演变成与机构管理层的对抗。

（二）规范批判：道德批判与伦理批判

Rosa（2010）描述了两种版本的规范性批判：一种是"道德"批判，另一种是"伦理"批判。道德批判基于正义的概念，其论点通常认为现有的社会系统造成了权利和／或身份的不公平分配。伦理批判的基本概念是分析实现美好或成功生活的条件是如何受到阻碍的，比如，分析社会异化状态。这种形式的批判一般用于明确指出是什么结构或实践模式阻碍了人们实现美好生活；那么，这种结构或实践模式可能会导致社会成员体验到某种异化。

1. 道德批判：认证体系的两面性

Rosa（2010）回顾了各种理论——从韦伯、齐美尔和涂尔干，到埃利亚斯和福柯——并指出了他们各自想要解决的矛盾。一方面，现代社会的特点是高度相互依存。社会互动紧密交织成一个非常复杂的网络，互动链条及其相互依存性交织在一起，延伸得越来越长。因此，可以认为，社会生活受到社会和道德规范的严格管理和控制，这些规范以非常细致的方式操纵着个人行为，从而使互动过程能够不受干扰地继续运行。另一方面，现代社会最基本的伦理思想是允许任何生活方式。换言之，在相互依存链条发展的同时，个性化、自由主义和多样化也随之出现。然而，Rosa（2010）指出，时间规范并没有被伦理表象所掩盖，也没有假装其是一种政治规范。相反，它是作为一种无可辩驳的自然法则出现的。关于最后期限的力量或速度的强制性任务，绝对不存在道德或政治争议。相关规范的运行是一种隐性的、无声的时间力量，它使现代社会看似无拘无束，但时间规范却以明确的方式有效地满足了现代社会巨大的规范需求。因此，Rosa（2010）提出，要批判隐性时间规范，我们应从时间规范破坏现代社会对反思和自主的核心承诺这一点出发。

一个良好的社会企业生态系统将有效地为社会企业的生存和发展提供支持，并在生态系统内部形成良性的互动关系，资源和信息的流通不会受到限制和阻碍，也不会出现分配不公和资源浪费的现象。在成都的社会企业生态系统中，一个极为重要的环节就是"社会企业"的认证，并围绕这个环节形成了各种社会互动。认证是社会规范和价值观的延伸。其出发点是建立行业标准，规范行业发展，确保符合要求的社会企业获得更多资源。认证背后的逻辑是时间结构下的合法性，比如，它有各种具体的要求（包括认证进度和相关期限），有竞争导向（社会企业申请者需要证明其商业模式具有竞争力，能够在市场上实现一定的目标，同时与其他同类企业相比具有独特的优势）。从这个意义上说，认证制度是如何破坏了社会企业生态系统中的反思和自主性的呢？

对于社会企业来说，这种认证在其发展初期是有益的。在一些社会创业者不熟悉此概念的时候，它起到了介绍和引导的作用，有效促进了资源整合。S文化创意公司就是一个生动的例子。为了成为一家符合认证要求的社会企业，它一直在反思自己的商业模式，将自身发展投入社会创业领域，这有助于突破自身的局限，并开始带来一些新的机遇。S文化创意公司明确了一个社会使命，将自己多年形成的企业精神与沉浸式社区战略相结合，深入城乡社区，发掘成都本土文化，弘扬传统文化，策划并参与文化领域的社区建设。从那时起，S 文化创意公司开始紧跟成都不同社区的需求，逐步形成了立足社区的三大项目：（1）社区书店。S 文化创意公司在社区开设书屋，并与当地社区居委会合作管理书屋，让众多当地居民参与到书屋的运营和发展的各个决策环节中来。居民可以办理会员卡，享受图书、商品和饮品的折扣，60 岁以上的老人还可以在一些特定商品上享受额外的折扣。（2）社区艺术生活。一方面，在社区设立不同层次的茶艺、书法、绘画、传统乐器等课堂；另一方面，在当地居民中招募相关人才，共同建设艺术社区。例如，S 文化创意公司与芳草社区居民书画协会共同举办了多次社区活动。由于 S 文化创意公司在过去几年的经营活动中积累了许多成都乃至全国的作家、艺术家人脉资源，因此在与不同社区合作相关主题活动时，帮助当地居民与这些作家、艺术家进行面对面交流，并有机会实现共同创作。（3）文创产品进社区。S 文化创意公司与不同社区居委会合作，根据社区特点和需求定制相关文创产品。此外，在成为社会企业后，S 文化创意公司开始寻求与其他社会企业或非营利组织合作的机会。例如，它与一家培训和雇用残疾人的餐饮类社会企业合作，向该企业订购小吃和茶点，供社区活动使用。

政策驱动的另一面可能是投机。为了获得相应的政府奖金和社会资源，一些社会企业的申请者在申请认证时带有一定的投机性，如，按照认证所规定的标准调整部门设置，甚至改变社会使命等。

然而，社会企业通过认证后，社会企业自身存在但未得到有效解决的问题就会显现出来，如，社会企业和社会创业领域的双重价值和内在矛盾。这些问题成为新的制约因素。仍以 S 文化创意公司为例，该公司在转型为社会企业后主要遇到了两大问题：（1）社区居民的付费意识。由于 S 文化创意公司在社区开发的文化项目具有公益性质，部分服务由政府购买，服务价格已远低于该公司的市场价格，但参与活动的社区居民仍需支付部分服务费，这引起了一些社区居民的不满。S 文化创意公司的创始人认为，这是由于部分社区居民认为公益服务应该是完全免费的。他们过去习惯了由政府全额补贴的非营利组织提供的服务。因此，尽管他们认可 S 文化创意公司的文化项目质量，但仍然没有付费意识。这种情况影响了公司的收入，也迫使 S 文化创意公司反思如何在经营业绩疲软的挑战下继续创造社会价值。（2）员工对社会使命的认同。由于 S 文化创意公司之前是一家商业企业，部分员工对其转型为社会企业，将战略重点放在低利润社区的做法并不理解和支持。这对新战略的实施造成了一定的阻力。

从本质上讲，S 文化创意公司面临的两大挑战都是如何建立可靠的社会使命机制，这也是近两年社会创业领域的学者和实践者探讨的重点问题之一。稳定的社会使命机制包括权利分配机制和价值创造机制（赵萌，2020）。权利分配机制将通过制定组织权力、利益和责任的分配规则，减少社会使命漂移的可能性。例如，可以通过建立包容性的治理结构，实现多方利益相关者对组织活动的监督；也可以通过限制利润分配比例，设定清算时的资产锁定原则，确保资源用于服务社会使命。权利分配机制在成都社会企业认证标准中得到了明确体现，这是一种结构性机制。价值创造机制则是指通过设计和实施创造社会和商业价值的组织流程，减少使命漂移的可能性。组织通过商业模式、价值链活动、组织决策和运营流程的设计和实施，确保社会使命的优先性。因此，价值创造机制是一种过程性机制。目前，关于社会使命稳定机制的研究还处于初级阶段，这些机制的理论完善和实践检验还在过程中。在成都的社会企业实践中，权利分配机制与价值创造机制的发展不平衡/不同步也是一个不容忽视的问题。前者涉及认证和规范的组织结构，后者涉及自主的组织文化。以 S 文化创意公司为代表的一批社会企业，在组织结构上符合认证标准化，但其内部组织文化仍保持着过去的惯性（如，家族式管理的延续）。它们在规定的时间内以规定的形式成为社会企业，但没有额外的时间和精力考虑内部价值创造。

认证的局限性不仅体现在社会企业本身，也在一定程度上体现在社会企业生态系统的发展上。认证是由地方政策推动的，而政策有其时效性，有具体的侧重点。目前，成都市的社会企业发展政策与社区治理紧密结合，直接引导认证社会企业将发展重心放在社区相关业务上。而对于那些产品/服务在社区治理领域完全没有优势的社会企业（如 D 文化遗产保护公司）来说，认证的标签效应并不显著，还可能造成资源浪费。

从以上分析可以看出，认证作为社会企业生态系统的规范工具，其运作和影响也受到强大的规范的制约。它加速了组织层面的不同步（外在形式与内在文化的失衡），并在一定程度上异化了政策的影响，最终可能使社会企业生态系统难以实现良性发展。

2. 伦理批判："接入点"与"共鸣"

在本节中，我们将分析是什么结构或实践模式阻碍了当前社会企业生态系统达到其理想状态，以及在这种结构或实践模式中产生的异化形式。

在此，我们想引入象征符号和专家系统的概念来帮助分析。（Giddens，1990）将象征符号称为"可以'传递'的交换媒介，而不考虑在任何特定时刻处理它们的个人或群体的具体特征"（p.22）。象征符号可分为不同类型，如，政治合法性媒介。社会企业生态系统中的认证就是一种象征符号。Giddens（1990）将专家系统定义为由科技成就与专家队伍构成的体系。与象征符号一样，专家系统也以同样的方式脱域；也就是说，它跨越遥远的时空提供预期的保证。具体到社会企业生态系统，负责认证的第三方机构（如，社创星）以及围绕该机构的认证学派的学者和实践者形成了这一专家系统。所有脱域机制（包括象征符号和专家系统）都依赖于信任，而我们所说的信任是基于信任原则的正确性，而不是建立在他人的"道德品质"（良好动机）之上。在此基础上，信任①在某种程度上，总是与对系统的信任相关，但被信任的只是这些系统的有效运行，而不是系统本身。

"接入点"是非专业的个人或团体与抽象系统代表之间的连接点。它们不仅是抽象系统的薄弱环节，也是可以维持或建立信任的交叉点。连接点上，非专业人员的怀疑态度与专业知识之间存在着紧张关系，这意味着它们被认为是抽象系统的脆弱性来源。在与抽象系统的偶遇中，"必须详细制定和保护可靠性的证据标准"（Giddens，1990，p.85）。

---

① 在此，信任被定义为"对一个人或一个系统在特定结果或事件方面的可靠性的信心，这种信心表达了对他人的正直或爱心的信任，或对抽象原则（技术知识）的正确性的信任"（Giddens，1990，p.34）。

　　在社会企业生态系统中，薄弱的"接入点"在这个抽象系统（象征符号和专家系统）内外引起了动荡。在这个社会企业生态系统中，专家系统的代表"社创星"负责认证工作，需要向政府部门（市场监督管理局）汇报，并需要在政府授权的框架下对社会创业者、社区居委会、基层政府部门、公众和媒体进行社会企业相关知识和技能的培训和传播普及。此外，这些获得认证的社会企业也成为与社区、公众和媒体开展相关活动的重要接入点。负责社会企业事务（如，登记注册、财政税收、社区治理等）的政府部门，特别是市场监督管理局和社治委，也是为社创星、社会创业者、社会企业、社区居委会和基层政府部门提供政策指导和资源整合的重要接入点。在当前由政策驱动的社会企业生态系统中，这三个"接入点"（社创星、被认证的社会企业和相关政府部门）在某种程度上是相互重叠的，它们之间的关系可以用图 9–1 来表示：

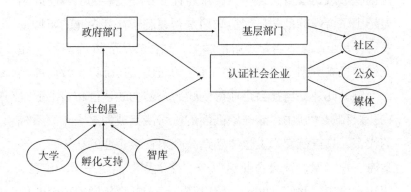

图 9–1　成都社会企业生态系统内的互动

　　我们可以看到三个"接入点"之间的一些重要互动：

社创星与社会企业的互动主要表现为前者的单向输出。社创星向社会企业提供认证信息、政策分析和资源链接，并提供相关专业知识培训（财务管理、市场营销、运营等）。

政府部门与社创星之间的关系是反身性的。一方面，政府对社会企业的价值和功能定位影响着社创星对社会企业的理解和推广；另一方面，社创星搜集行业前沿知识和实践，影响政府相关政策的制定和实施。

被认证的社会企业通过其商业活动（产品/服务）影响公众和媒体对社会企业的理解；社区则作为相遇的场所出现。

在社会企业生态系统中，上述每个"接入点"都有不同程度的阻碍，同时又相互影响。例如，经过认证的社会企业在一定程度上受到政策（政府）和专业知识结构（专家系统，以社创星为代表）的影响。在认证前后，他们并没有真正被纳入专家系统，因此影响政府政策的能力极为有限。同时，在政府与社创星形成的反身关系中，由于对社会企业发展的引导已经明显超出了合作的范畴，现行政策是否有利于社会企业的可持续发展（甚至政策本身是否可持续），是否会从帮助"塑形"（建立结构机制）到"成为知音"（整合价值创造机制），都可能是大问题。此外，当社会企业得到政府公信力的认证和背书时，在公众和媒体眼中，这一象征性的符号使其成为这一专家系统的代表，其言行实际上也在塑造公众对社会企业的认知。一旦政府、社创星、社会企业这三个"接入点"出现严重的信息/认知不同步，他们之间的互信以及认证的社企传递给公众的信任度就会在很大程度上被削弱。

在这些"接入点"上出现的负面互动的一些具体例子如下：

社创星与社会企业之间的互动。C文化发展公司创始人在访谈中提到，在申请认证过程中，她参加了社创星组织的信息交流会，会后她向专家提出了一个问题，但专家不耐烦地打断了她，敷衍地回答了她的问题。她对专家感到不满，并这样描述她的愤怒："专家是来解答我们的疑问的……我问他是因为我不懂那些东西。他到底为什么看不起我？他对待人的态度完全不能让人信服。"[1] 她直言，这次经历甚至影响了她继续申请社会企业认证的积极性，在她的潜意识中，"他们"（专家）和"我们"（社会创业者）已经分得很清楚了。

政府部门之间的相关互动，尤其是政府部门、基层政府机构、社区居委会和社会企业之间的不同步的例子，在本章"时间视角下的政治"部分已经有了具体的论述。

被认证的社会企业与公众之间的互动。S文化创意公司的创始人谈到了他们在社区项目中遇到的一些社区居民拒绝支付服务费用的问题，这反映了公众对社会企业和一般非营利组织的模糊认识。这些居民可能只是感觉到S文化创意公司提供的服务内容和质量相对提高了，但并没有感觉到社会企业本身的特点及其与一般非营利组织的区别。因此，这个"接入点"仍未能成功建立起信任。

（三）异化与共鸣

除上述"接入点"问题外，在加速发展的社会中，社会企业内部缺乏"共鸣"的制度条件，也造成了严重的异化。

Rosa（Rosa，2010）指出，在晚期现代社会中，由于速度、竞争和期限所产生的强制性规范，导致了两个问题。首先，这

---

[1] 袁女士，在C文化发展公司进行的个人访谈。2020年4月22日。

些强制性规范造成的行为和体验模式并非源于价值观或欲望。相反，它们是主体不断异化的结果。其次，后现代环境不提供"调解"或类似制度。因此，所有的错误和不足都归咎于个人。这两个问题提出了一种新的异化形式，正如 Rosa 所言，应在批判理论（2010）中加以解决。

社会企业的内在价值并没有真正内化，而是被专家系统和政策趋势所塑造，这也造成了文化类社会企业的创始人在访谈中表达的相似困境：他们需要从专家系统那里学习如何成为合格的社会企业。同时，专家系统与政策制定者的紧密配合，使这些文化类社会企业将业务发展的重点放在了政府当前关注的社区建设上。在这个过程中，衡量社会企业"成败"的标准，在很大程度上是由经济上可衡量的指标决定的。在专家系统和政府部门看来，社会企业优于传统的非营利组织，这是因为前者在经济方面的考虑似乎更为优化。这直接导致绝大多数社会企业急于追求市场化和资本化，以获取更多的政治和经济资源。在市场化的过程中，一方面，社会创业者在不同程度上举步维艰。他们或有经营技巧上的缺陷，或有价值理念上的困惑，甚至有无法与资本抗衡的无奈。另一方面，他们或被专家系统和政府的评估时间表推着前进（对于那些获得认证的社会企业），或被动地调整战略重点以应对来自资本的定期审计。正如 Rosa（2010）所言，在晚期现代社会中，自治的概念（包括个人和组织）已经变得多余。创造性、主体性和激情不再是为了发挥独立的主动性，而是为了提升人们的竞争力（Rosa，2010）。这种现象也是市场机制、规范和价值观的反映，它们渗透到人类生存的方方面面，流动的现代性将市场作为一种调节手段

（Bauman，2000）。因此，一些不属于量化衡量指标的部分，如，社会创业的人文创业精神（涉及内部文化、管理结构、价值创造机制等），就被社会企业所忽视。结果，如"黑土麦田"出现的情况，最终形成了严重的内耗和分化，使社会事业无法有效延续，造成负面的社会影响。

此外，在社会企业生态系统中，社创星本应发挥一种调节作用。根据前文对互动关系的分析，我们可以看出，社创星连接着专家系统、社会企业、政府部门和媒体平台。但它更像是一个中介服务机构，致力于开发政府授权的社会企业认证服务，向政府部门提交认证社会企业的评估报告，运营公共平台等。这些业务更多是为了满足政府和资本的需求，为其提供数据支持和决策依据。但是，在与社会企业的合作中，社创星基本上只是一个信息传递的渠道，对于社企的烦恼和需求，往往感到无能为力。正如它的主要项目负责人所说：

> 我们无法（为社会企业）提供实质性支持。社会企业向我们报告了许多问题。然而，除了向政府工作报告，我们什么也做不了。①

这种情况下，社会企业生态系统中的"共鸣"关系并没有很好地建立起来。这种共鸣被定义为"一种与世界相关的模式，在这种模式中，主体感到被他所遇到的人、地方、物体等触动、感动或关注"（Rosa，2019，pp.46-47）。在这个过程中，主体和外部世界找到了彼此互动的方式，使自己的声音不被对方占

---

① 宋女士，在金牛区社区发展与治理支持中心进行的个人访谈。2020年4月27日。

据和支配。然而，从这一生态系统的互动关系中我们看到，政府的声音一直占据主导地位，而社创星的"被（政府部门）雇佣"的身份也使其难以拥有更加独立和协调的地位。因此，作为"共鸣"的反向关系，社会企业甚至社创星本身都感受到了异化——对他者的冷漠无视和对主体的沉默忽视。

四、现代性问题

在中国语境中，"现代性"的概念直到 20 世纪 90 年代末才开始被广泛使用。中国向现代社会转型的探索，与西方相反，首先关注具有共同内涵的现代化内容，后来关注具有特定内涵的主体性、启蒙性、科学理性等文化内容（吕红霞，2019）。当代中国现代性的思考与建构是在对西方现代性的反思与批判的思想背景下进行的。20 世纪 90 年代，随着中国经济的改革开放，现代化建设取得显著成就的同时，一些在改革过程中积累的深层次问题开始显现，以追求经济增长为中心的工具理性凌驾于价值理性之上。2003 年党的十六届三中全会提出了"以人为本"的"科学发展观"，强调在发展过程中要有使命感。此时，西方现代性的反思维度得以进入中国现代性的话语体系。在这一过程中，法兰克福学派的工具理性批判成为马克思主义有价值的理论资源。

当代中国现代性构建的特殊性在于以马克思主义的内容作为其价值取向。马克思主义中国化是把马克思主义的基本原理同中国的具体实际相结合，不断形成具有中国特色的马克思主义理论成果的过程。如何在马克思主义的视野中思考和推进我国的文化发展，是当代中国现代性建设的重要课题。

在这里，文化发展应该超越 80 年代的知识分子在文化思想领域的"新启蒙"的范畴。马克思主义在当代中国从一种资本主义现代性的批判话语转变为一种社会主义现代性意识形态，这也使得马克思主义的现代性批判维度被建构维度所覆盖。[①]因此，继承马克思主义批判主旨，批判资本主义现代性的法兰克福学派，对我国来说是一个有价值的理论参考。对于如何判断法兰克福学派批判理论在中国的影响和意义的问题，许多持不同意见的学者都提出了批判理论的"本土化"问题，即如何在中国语境中使用，甚至创造性地改造它。

本研究在这一点上做了自己的尝试。与其他主要研究法兰克福学派第一、二代批判理论（如，阿多诺、弗洛姆、马尔库塞、哈贝马斯等）的中国学者不同，我们希望用批判理论的最新发展——社会加速理论来分析当代中国的现代性问题。社会企业生态系统是一个很好的切入点。利用 Luhmann（1996）将社会分为时间维度、社会维度和物质维度的分类，加速促使社会在时间维度上演化，也改变了社会和物质关系（Rosa, 2010）。因此，在讨论"什么使社会创业成为创业"和"什么使社会创业有社会性"（Peredo & McLean 2006，pp.57–59）的同时，我们也应该认识到现代性对社会的影响。从这个意义上说，Rosa 的社会加速理论为我们更好地理解社会企业生态系统的双重价值和内在矛盾提供了一个动态的、批判性的、系统的视角。在这个生态系统中，各种互动关系的形成和变化，以及社会企业自身的

[①] 在《德意志意识形态》中，特别是在"费尔巴哈"一章中，马克思与恩格斯辩证地呈现了意识形态的批判维度和建构维度。批评是建构的前提和基础，建构是批评的目的和超越。批判与建构的互动为社会主义意识形态的后续提出和发展奠定了基础。（吕幸星，谭建平，2021，p.15）。

双重矛盾，都反映了当代中国以人为本的主体性建构充满张力的过程。

如今，在政府和商界，甚至在学术界，有一种强烈的观念，即基本上只有一种认知方式："科学"把自己强加于认知的倾向上，作为一种适用于任何对象的单一模式。也就是说，它或多或少是现代科学中的一种认知方式。正如 Abbott（2017）所阐明的，这一概念实际上并不涉及在实验室中实际实践的那种科学，而是基于对 Percy Bridgman 的操作主义、逻辑实证主义以及 Morris Cohen 和 Ernst Nagel 为代表的美国版科学哲学的严格模仿。同样，通过对社会企业生态系统中不同异化形式的分析，我们也意识到这种所谓现代"科学"的知识方式所带来的问题和潜在危害。当然，这并不仅仅出现在社会企业生态系统中，而是隐藏于中国现代性建设理念中的一般逻辑。当它在各个领域被视为理所当然时，我们需要意识到，因为即使是最坚定的科学家也能看到，人类生活不可避免地涉及道德、合法性、美学和其他无法从科学的角度理解的品质。其他例子，如 Abbott（2017）所引用的，包括人文学者逐渐转向数字人文研究，这是用一种科学的方法来处理原则上不科学的知识形式；经济学研究正在从对人类生产、消费和交换本质的普遍而深刻的反思转变为狭义的社会工程（这种社会工程不仅致力于发现或强加某些特殊规律，而且还将这些规律作为科学真理每年教授给成千上万的学生）。这种"万能"的知识处理方法在很大程度上是由于政府部门在评估福利国家的成功或失败时，使用了此类社会科学。正如我们通过社会企业生态系统（政府主导的社会企业认证、评估和研究）所看到的那样，这类任务具有将社会科学本身逐渐推向狭隘的操作主义的风险。从这个意义上说，在中国语境下探讨文化现代性，需要关注以人为本、科学理性和人文精神的有机统一。

更具体地说，Rosa 的社会加速理论提供了一个动态的分析视角，特别是对政治、经济、文化的不同步，以及社会企业和生态系统内部的异化形式。正如 Rosa（2009）所说，"只有从时间的角度，我们才能完全理解当代社会的根本转变，这是在现代性的不变框架内社会加速的结果，但超出了个人和社会整合和自主的限制"（p.111）。此外，如果我们将现代化视为一个社会加速的过程，正如 Rosa（2009）所建议的那样，那么"只有在其时间性的重大变化方面，现代化的性质和影响才变得完全可见"（p.111）。从这个意义上说，本文对社会企业生态系统的研究只探讨了其中的部分关键问题；虽然文化类社会企业是这里讨论中国语境下文化现代性的主要研究样本，但我们仍然不能忽视在现代性方面相互联系和影响的其他维度，也应该把它们置于时间的视角中。例如，性别问题在社会企业生态系统中非常重要，正如我们所观察到的，这个生态系统中有许多女性社会创业者，特别是在文化、护理（儿童护理、老人护理、家庭护理）和教育领域。Gawell 和 Sundin（2014）指出，社会创业结合了传统意义上由女性承担的"社会性"和由男性承担的"创业"，尤其是在护理工作方面。不断扩大的社会创业实践提出了一些问题，即通过向市场注入"关怀"（如社会企业所做的那样），如何影响或改变道德和政策框架，以及在此过程中"关怀"概念的变化（"关怀伦理学"的研究范畴）；然后我们可以看到性别在这个领域是否被构建得不同。这类研究应该在社会企业生态系统中得到更多的关注和讨论。在我们前面提到的当代中国现代性构建的重要任务中，这类研究无疑属于其中的文化发展性问题。然而，由于问题的复杂性以及缺乏足够的数据，目前仍然存在诸多挑战，但这同时也是新兴的社会企业生态系统所提供的一些极具研究潜力的方向。

结　语

　　本研究梳理了社会创业和社会企业的概念，分析了我国在该领域的研究现状。赵萌（2018）对社会企业的定义和分类为我国社会企业认证学派的发展奠定了理论基础。在一些地方政府和社会企业认证机构的推动及配合下，我国社会企业发展具有明显的政策驱动特征，在多方利益相关者的互动参与过程中，逐步形成了具有生命力的社会企业生态系统。

　　如果要理解社会企业和社会创业领域的双重价值和内在矛盾，需要进行动态、批判和系统的讨论。在讨论"是什么使社会创业成为创业"和"是什么使社会创业体现社会价值"（Peredo & McLean 2006，pp.57-59）的同时，我们还应认识到现代性在其中的影响。在此研究背景下，我们对成都这座在社会企业政策制定和实践发展方面走在全国前列的城市进行了深入调查，分析了其社会企业生态系统的形成背景和结构，尤其是其中相关利益方的互动状况和特点。通过问卷调查、访谈、观察等定性方法，我们对成都市社会企业生态系统中四家通过认证的文化类社会企业进行了组织层面的重点分析。在现代性探讨层面，有必要通过探讨传统文化如何进行创造性转化和现代转型，发挥其批判和规范功能，从而获得文化现代性的内涵。社会企业生态系统中的文化类社会企业都致力于传统文化的保护和弘扬工作。在这个生态系统中，它们所面临的内外部挑战实际上蕴藏着一种深厚的人文精神，这种精神可能与现代科技理性文化形成互补和对抗。此外，通过"黑土麦田"和新兴的社区型社会企业的案例，从制度层面对社会企业生态系统中存在的问题进行了详细分析，我们发现：第一，后现代时代的速度、竞争和期限所造成的强制性规范，形成了并非源于价值或欲望的行为模式和经验。相反，它们是主体不断异化的结果。第二，后现代语境不提供"中介"制度。因此，所有的错误和不足都归咎于个人。这两个问题使得社会企业生态系统中呈现出了一种新的异化形式。

因此，我们进一步将两种批判形式应用于社会企业生态系统：功能性批判和规范性批判，其中的核心概念是"异化"。Rosa 的"异化的世界"关系引用了 Jaeggi（2014）的概念 [她将异化定义为"一种没有关系的关系"（pp.28–30）]。异化反映了自我与世界之间关系的深刻和结构性扭曲；也就是说，主体"置身于"世界的方式被扭曲了。在功能批判方面，我们主要分析了政治、经济和文化方面的不同步。在规范性批判方面，我们深入探讨了关于社会企业认证体系两面性的道德批判，以及与社会企业生态系统中薄弱的"接入点"（access points）有关的伦理批判。

基于我们在社会企业及其生态系统中发现的问题，可以看出社会企业受到我国经济发展变化的影响，而这些变化又反映了现代化的各种问题。然而，我们必须从更广阔、更理论化的层面来思考现代化，即"现代性"的概念。当代中国式现代化建设的特殊性，在于它以马克思主义的内容作为其价值取向。

如何在马克思主义范围内思考和推进中国的文化治理，是当代中国现代性建设的重要任务之一。马克思主义在当代中国已经从资本主义现代性批判话语转化为社会主义现代性意识形态，这也使得其现代性批判维度被建构维度所覆盖。因此，继承马克思主义批判主旨、对资本主义现代性进行批判的法兰克福学派，对中国来说是一个有价值的理论参考。如何判断法兰克福学派批判理论在中国的影响和意义，即如何在中国语境中运用，甚至创造性地改造法兰克福学派批判理论，许多学者从不同的视角明确了批判理论的"本土化"挑战。因此，文化治理开始包括两个核心议题：知识分子的批判精神和对中国转型的评价。

　　在这一点上，本研究做出了自己的尝试。我们运用批判理论的最新发展——社会加速理论，对当代中国的现代性问题进行了分析。从这个意义上说，本研究在一定程度上拓展了现有社会企业研究的广度和深度，即不仅从概念分析、政策研究、企业管理等具体层面探讨社会企业，而且将其嵌入到一个社会互动环境中，考察其在中国现代性建设过程中的动态表现。在这个社会企业生态系统中，各种互动关系的形成和变化，以及社会企业自身的双重矛盾，都反映了当代中国以人为本的主体性建构充满张力的过程。

　　如今，在政府和商业领域，甚至在学术界，都有一种强烈的观念，即基本上只有一种认识方式："科学"作为一种适用于任何对象的单一模式，被强加于认识倾向之上。也就是说，它或多或少是现代科学的一种认知方式。正如 Abbott（2017）所指出的，这一概念实际上并不涉及实验室中真正实践的那种科学，而是基于对 Percy Bridgman 的操作主义、逻辑实证主义以及以 Morris Cohen 和 Ernst Nagel 为代表的美国版本的科学哲学的刻板模仿。同样，通过对社会企业生态系统中不同形式异化的分析，我们也意识到了这种所谓的现代"科学"知识方法所带来的问题和潜在危害。当然，这不仅出现在社会企业生态系统中，而且隐藏在现代性建设过程中的某种逻辑。当它在各个领域被视为理所当然的时候，我们需要警惕，因为即使是最坚定的科学家也能看到，人类生活不可避免地涉及道德、合法性、美学等品质，而这些是无法单纯从科学的角度来理解的。

如果我们将现代化视为一个社会加速的过程，正如 Rosa（2009）所建议的，那么"只有在其时间性发生重大变化时，现代化的性质和影响才会完全显现出来"（Rosa，2009，p.111）。从这个意义上说，我们对社会企业生态系统的研究，仅仅只探讨了其中的部分关键问题。虽然文化类社会企业是本文讨论中国语境下文化现代性的主要研究样本，但我们仍然不能忽视社会企业生态系统中与现代性相互联系、相互影响的其他维度，也应将其置于时间视角的透视中，如，性别问题、价值创造机制研究等。在当代中国现代性建设的重要任务中，它们无疑属于我们评价中国转型时的重要问题。然而，它们也面临着问题复杂、数据不足等挑战。因此，新兴的社会企业生态系统为我们提供了极具研究潜力的对象和方向。我们衷心希望本研究能为后续相关研究提供有益的参考。

附　录

附录 A

成都市文化类认证社会企业创始人 / 管理者的半结构式访谈问卷

1. 您的社会企业名称是？

   _____

2. 您所在的年龄区间？

   ○ 18—24 岁

   ○ 25—34 岁

   ○ 35—44 岁

   ○ 45—54 岁

   ○ 55—64 岁

   ○ 65—74 岁

   ○ 75 岁及以上

3. 您的性别?

○男

○女

4. 您的最高学历?

○高中及以下

○大专

○本科

○研究生及以上

5. 您在创办社会企业时的资金来源是什么?

○家庭或个人储蓄

○捐赠

○政府购买

○政府支持

○市场收入

○资产收入(租金、利息等)

○ 其他(请注明)

6. 您家人支持您开展社会创业吗? 如果是, 他们在哪些方面支持您?

○是_____*

○否

7. 您想成为社会创业明星吗? (参加由政府、社会组织或商业企业举办的社会创业比赛、活动和节目)

○是＿＿＿＿＿＿＿＿＿＿＿＿＿　　　＊

○否＿＿＿＿＿＿＿＿＿＿＿＿＿　　　＊

8. 您的专业是?

＿＿＿＿＿＿＿＿＿＿＿＿＿＿＿＿＿＿＿＿

9. 您接受过任何创业教育 / 培训吗?

○是＿＿＿＿＿＿＿＿＿＿＿＿＿＿＿＿＿＿　　＊

○否

10. 您进行社会创业的动机是什么?

＿＿＿＿＿＿＿＿＿＿＿＿＿＿＿＿＿＿＿＿

11. 您认为在社会创业中最重要的品质是什么?

＿＿＿＿＿＿＿＿＿＿＿＿＿＿＿＿＿＿＿＿

12. 您是全职的社会创业者吗?

○是＿＿＿＿＿＿＿＿＿＿＿＿＿＿　　＊

○否

13. 您有其他工作经验吗？那些工作经验对您的社会创业有帮助吗？ 如果有的话，请问具体是哪些帮助呢?

＿＿＿＿＿＿＿＿＿＿＿＿＿＿＿＿＿＿＿＿

14. 您如何识别机会? 如何去评估这些机会?

＿＿＿＿＿＿＿＿＿＿＿＿＿＿＿＿＿＿＿＿

15. 贵公司获得成都社会企业认证的历程是怎样的?

_____

16. 您的社会企业团队由哪些成员组成? 决策过程是怎样的?

_____

17. 您的团队中全职员工和兼职员工的比例是多少?

_____

18. 您的团队中, 员工的性别比例是多少?

_____

19. 您认为目前您的社会企业处于哪个阶段?
○初始
○发展中
○转型中
○成熟
○其他_____

20. 您的社会企业有明确的内部文化吗?
○有_____*
○没有

21. 您的社会企业与多方利益相关者（政府、社会组织、社区、客户、受益人、员工和投资者等）的互动情况是怎样的? 您如何看待和处理这些关系?

22. 您认为社会企业的成果和产出是什么？

23. 您认为影响社会企业健康发展的主要因素有哪些？包括内在因素和外在因素。

附录 B
成都市城乡社区发展治理委员会政府工作人员访谈问卷

1. 您的职位是？

_____

2. 您的工作内容是什么？

_____

3. 您怎么理解社会企业？

_____

4. 您所在地区有哪些针对社会企业的扶持优惠政策？

_____

5. 您所在地区与社会企业、社会组织和当地社区的互动情况如何？

_____

6. 新冠疫情造成了哪些影响和变化？

_____

7. 贵机构是否定期对工作人员进行有关了解社会企业、与社会企业沟通以及工作方法等方面的培训？

_____

8. 您觉得从制度层面上发展社会企业面临着哪些困难和挑战？

_____

9. 您对该地区社会企业的发展有何期望或计划？

_____

10. 您如何看待文化领域的社会企业？

_____

附录 C
社创星（成都社会企业认证机构）管理人员访谈问卷

1. 您的工作内容是什么？

_____

2. 您是怎么看待"社会企业"这个概念的呢？

_____

3. 您如何看待市场监督管理局与社区治理委员会之间的关系呢？

_____

4. 认证对于社会企业来说，有什么样的品牌效应呢？

_____

5. 您在工作中有哪些挑战？

_____

6. 请您详细描述一下社会企业的认证及评审过程。

_____

7. 您认为成都社会企业面临哪些发展问题?

———————————————————————

8. 您的机构有哪些新的计划去继续推动成都社会企业的发展呢?

———————————————————————

附录 D
成都某社区居委会前主任访谈问卷

1. 作为社区居委会主任，工作任务具体有哪些呢？

_____

2. 请您介绍一下在您之前的社区工作中策划的一些亮点项目。

_____

3. 请问这些社区项目是如何运作的呢？

_____

4. 您工作中遇到过哪些挑战？

_____

5. 您如何理解社会企业？

_____

6. 您是如何看待成都新兴的社区型社会企业的？

_____

参考文献

英文文献

1. Abbott, A. (2017). The Future of Expert Knowledge. November 30, 2017, WZB Berlin Social Science Center. Lecture. Retrieved May 16, 2021 fromhttps://www.wzb.eu/de/node/55700.

2. Adams, R. (2008). Empowerment, Participation and Social Work. Macmillan Education UK.

3. Aldrich, H.E., & Martinez, M.A. (2001). Many are Called, but Few are Chosen: An Evolutionary Perspective for the Study of Entrepreneurship. Entrepreneurship: Theory and Practice, 25(4), 41–56.

4. Austin, J., Stevenson, H., & Wei–Skillern, J. (2006). Social and Commercial Entrepreneurship: Same, Different, or Both? Entrepreneurship Theory and Practice, 30(1), 1–22.

5. Autio, E., & Thomas, L.D.W. (2014). Innovation Ecosystems: Implications for Innovation Management? In M. Dodgson, D.M. Gann, & M. Phillips (Eds.), The Oxford Handbook of Innovation Management (pp. 204–228). Oxford University Press.

6. B Lab (2020). About B Corps. Retrieved October 28, 2020 from https://bcorporation.net/about–b–corps.

7. Baker, T., & Nelson, R.E. (2005). Creating Something from Nothing: Resource Construction through Entrepreneurial Bricolage. Administrative Science Quarterly, 50(3), 329–366.

8. Bauman, Z. (2000). Liquid Modernity. Cambridge: Polity Press.

9. Black, C.E. (1966). The Dynamics of Modernization: A Study in Comparative History. New York: Harper & Row.

10. Bowen, H.R. (1953). Social Responsibilities of the Businessman. New York, NY: Harper.

11. CASE (Center for Advancement of Social Entrepreneurship) (2008). Developing the Field of Social Entrepreneurship. Durham, NC: The Fuqua School of Business, Duke University.

12. Dart, R. (2004). The Legitimacy of Social Enterprise. Nonprofit Management & Leadership, 14(4), 411–424.

13. Dean, T.J., & McMullen, J.S. (2007). Toward a Theory of Sustainable Entrepreneurship: Reducing Environmental Degradation through Entrepreneurial Action. Journal of Business Venturing, 22, 50–76.

14. Dees, G. (2001). The Meaning of "Social Entrepreneurship". Retrieved September 1, 2020 from http://www.caseatduke.org/documents/dees_sedef.pdf.

15. Dees, G., & Anderson, B.B. (2006). Framing a Theory of Social Entrepreneurship: Building on Two Schools of Practice and Thought. In R. Mosher–Williams (Ed.), Research on Social Entrepreneurship: Understanding and Contributing to an Emerging Field (pp. 39–66). Washington, D.C.: Aspen Institute.

16. Dees, G., Anderson, B.B., & Wei–Skillern, J. (2004). Scaling Social Impact Strategies for Spreading Social Innovations. Stanford Social Innovation Review 1(4), 24–32.

17. Desa, G. & Basu, S. (2013). Optimization or Bricolage? Overcoming Resource Constraints in Global Social Entrepreneurship. Strategic Entrepreneurship Journal, 7(1), 26–49.

18. Di Domenico, M., & Haugh, H. (2010). Social Bricolage: Theorizing Social Value Creation in Social Enterprises. Theory and Practice, 34(4), 681–703.

19. Doherty, B., Haugh, H., & Lyon, F. (2014). Social Enterprises as Hybrid Organizations: A Review and Research Agenda. International Journal of Management Reviews, 16: 417–436.

20. Durand, R., &Paolella, L. (2013). Category Stretching: Reorienting Research on Categories in Strategy, Entrepreneurship, and Organization Theory. Journal of Management Studies, 50, 1100–1123.

21. Ebrahim, A., Battilana, J., & Mair, J. (2014). The Governance of Social Enterprises: Mission Drift and Accountability Challenges in Hybrid Organizations. Research in Organizational Behavior, 34, 81–100.

22. Evans, M., &Syrett, S. (2007). Generating Social Capital? The Social Economy and Local Economic Development. European Urban and Regional Studies, 14(1), 55–74.

23. Gawell, M., & Sundin, E. (2014). Social Entrepreneurship, Gendered Entrepreneurship? In A. Lundstrom, C. Zhou, Y. von Friedrichs, & E. Sundin (Eds.), Social Entrepreneurship: Leveraging Economic, Political and Cultural Dimensions (pp. 273–291). Berlin:

Springer–Verlag.

24. Gehman, J., & Grimes, M. (2017). Hidden Badge of Honor: How Contextual Distinctiveness Affects Category Promotion among Certified B Corporations. Academy of Management Journal, 60 (6), 2294–2320.

25. Giddens, A. (1990). The Consequences of Modernity. Redwood City, CA: Stanford University Press.

26. Haigh, N., Kennedy, E.D., & Walker, J. (2015). Hybrid Organizations as Shape–shifters: Altering Legal Structure for Strategic Gain. California Management Review, 57, 59–82.

27. Hansmann, H.B. (1980). The Role of Nonprofit Enterprise. The Yale Law Journal, 89(5), 835–901.

28. Hedström, P., &Swedberg, R. (1998). Social Mechanism: An Analytical Approach to Social Theory. Cambridge University Press.

29. Hockerts, K. (2008). Managerial Perceptions of the Business Case for Corporate Social Responsibility (CBSCSR Working Paper Series; Copenhagen Business School).

30. Hwee Nga, J.K., &Shamuganathan, G. (2010). The Influence of Personality Traits and Demographic Factors on Social Entrepreneurship Start Up Intentions. Journal of Business Ethics. 95(2), 259–282.

31. Inoue, H. (2019). Collective Impact Practice Theory: Matching Corporate and Social Interests. Retrieved January 15, 2020 from https://www.dhbr.net/articles/-/5677.

32. Jaeggi, R. (2014). Alienation. New York: Columbia University Press.

33. Kennedy, M.T., Lo, J., & Lounsbury, M. (2010). Category Currency: The Changing Value of Conformity as a Function of

Ongoing Meaning Construction. In G. Hsu, G. Negro, &Ö. Koçak (Eds.), Categories in Markets: Origins and Evolution (Research in the Sociology of Organizations) (pp. 369–397). Bingley, UK: Emerald.

34. Letts, C.W., Ryan, W., & Grossman, A. (1997). Virtuous Capital: What Foundations Can Learn from Venture Capitalists. Harvard Business Review, 75(2), 1–7.

35. Luhmann, N. (1996). Social Systems. Redwood City, CA: Stanford University Press.

36. Lundstrom, A., Zhou, C., von Friedrichs, Y., & Sundin, E. (2014). Social Entrepreneurship: Leveraging Economic, Political, and Cultural Dimensions. Berlin: Springer–Verlag.

37. Mair, J., & Marti, I. (2006). Social Entrepreneurship Research: A Source of Explanation, Prediction, and Delight. Journal of World Business, 41(1), 36–44.

38. Mair, J., &Noboa, E. (2006). Social Entrepreneurship: How Intentions to Create a Social Venture Get Formed. In J. Mair, J. Robinson, & K. Hockerts (Eds.), Social Entrepreneurship (pp.121–136). New York: Palgrave MacMillan.

39. Marquis, C., Davis, G.F., & Glynn, M.A. (2011). Golfing Alone? Corporations, Elites, and Nonprofit Growth in 100 American Communities. Organization Science, 24, 39–57.

40. Marquis, C., & Park, A. (2014). Inside the Buy–One Give–One Model. Stanford Social Innovation Review, 12, 28–33.

41. Martin, R.L., &Osberg, S. (2007). Social Entrepreneurship: The Case for Definition. Stanford Social Innovation Review, 5(2), 28–39.

42. Mason, C., & Brown, R. (2014). Entrepreneurial Ecosystems and Growth–oriented Enterprises. Background paper prepared for the

workshop organized by the OECD LEED programme and the Dutch Ministry of Economic Affairs. Discussion Paper. OECD.

43. McCaffrey, M., & Salerno, J.T. (2011). A Theory of Political Entrepreneurship. Modern Economy, 2, 552–560.

44. Meyer, J., & Rowan, B. (1977). Institutional Organizations: Formal Structure as Myth and Ceremony. American Journal of Sociology, 83, 340–363.

45. Meyskens, M., Robb, C., Stamp, J.A., &Carsrud, A., (2010). Social Ventures from a Resource–Based Perspective: An Exploratory Study Assessing Global Ashoka Fellows. Entrepreneurship: Theory and Practice, 34(4), 661–680.

46. Murray, J.H., & Hwang, E.I. (2011). Purpose with Profit: Governance, Enforcement, Capital–raising and Capital–locking in Low–profit Limited Liability Companies. University of Miami Law Review, 66(1), 1–52.

47. Nicholls, A. (2010). The Legitimacy of Social Entrepreneurship: Reflexive Isomorphism in a Pre–paradigmatic Field. Entrepreneurship: Theory & Practice, 34, 611–633.

48. OECD (Organization for Economic Co–operation and Development) (2009). The Changing Boundaries of Social Enterprises. Paris: OECD.

49. Oliver, C. (1991). Strategic Responses to Institutional Pressures. Academy of Management Review, 16, 145–179.

50. Olson, M. (1965). The Logic of Collective Action: Public Goods and the Theory of Groups. Cambridge, Mass: Harvard University Press.

51. Olsson, A.R., Westlund, H., & Larsson, J.P. (2020). Entrepreneurial Governance and Local Growth. Sustainability, MDPI, Open Access Journal, 12(9), 1–16.

52. Patton, M.Q. (1990). Qualitative Evaluation and Research Methods (2nd ed.). SAGE Publications.

53. Payne, M. (2005). Modern Social Work Theory (3rd ed.). Chicago: Lyceum Books.

54. Peredo, A.M., &Chrisman, J.J. (2006). Toward a Theory of Community-based Enterprise. The Academy of Management Review, 31(2), 309–328.

55. Peredo, A.M., & McLean, M. (2006). Social Entrepreneurship: A Critical Review of the Concept. Journal of World Business, 41, 56–65.

56. Phills, J.A. Jr., Deiglmeier, K., & Miller, D.T. (2008). Rediscovering Social Innovation. Retrieved December 15, 2019 from http://www.ssireview.org/articles/entry/rediscovering_social_innovation.

57. Pierre, A., von Friedrichs, Y., &Wincent, J. (2014). Entrepreneurship in Society: A Review and Definition of Community-based Entrepreneurship Research. In A. Lundstrom, C. Zhou, Y. von Friedrichs, & E. Sundin (Eds.), Social Entrepreneurship: Leveraging Economic, Political, and Cultural Dimensions (pp. 239–257). Berlin: Springer-Verlag.

58. Pozen, D. (2008). We Are All Entrepreneurs Now. Wake Forest Law Review, 43, 283.

59. Pratono, A.H., &Sutanti, A. (2016). The Ecosystem of Social Enterprise: Social Culture, Legal Framework, and Policy Review in Indonesia. Pacific Science Review B: Humanities and Social Sciences, 2(3), 81–118.

60. Rodrik, D., Subramanian, A. &Trebbi, F. (2004). Institutions Rule: The Primacy of Institutions over Geography and Integration in

Economic Development. Journal of Economic Growth, 9(2), 131–165.

61. Rosa, H. (2009). Social Acceleration: Ethical and Political Consequences of a Desynchronized High–speed Society. In H. Rosa & W. E. Scheuerman (Eds.), High–speed Society: Social Acceleration, Power, and Modernity (pp. 77–111). University Park, PA: Pennsylvania State University Press.

62. Rosa, H. (2010). Acceleration and Alienation: Towards a Critical Theory of Late–Modern Temporality. Aarhus, Denmark: Aarhus Universitetsforlag.

63. Rosa, H. (2018). Available, Accessible, Attainable: The Mindset of Growth and the Resonance Conception of the Good Life. In H. Rosa, & C. Henning (Eds.), The Good Life Beyond Growth: New Perspectives (pp. 39–53). London, England: Routledge.

64. Rosa, H. (2019). Resonance: A Sociology of Our Relationship to the World. Cambridge, England: Polity Press.

65. Saebi, T., Foss, N., & Linder, S. (2019). Social Entrepreneurship Research: Past Achievements and Future Promises. Journal of Management, 45(1), 70–95.

66. Salamon, L.M. (1995). Partners in Public Service: Government Nonprofit Relations in the Modern Welfare State. Baltimore, Maryland: Johns Hopkins University Press.

67. Salamon, L.M. (1999). America's Nonprofit Sector: A Primer, 2nd ed. New York: Foundation Center.

68. Scott, W.R. (1992). Organizations: Rational, Natural, and Open Systems. Upper Saddle River, N.J.: Prentice Hall.

69. Shepherd D.A., &Patzelt, H. (2011). The New Field of Sustainable

Entrepreneurship: Studying Entrepreneurial Action Linking "What is to be Sustained" with "What is to be Developed". Entrepreneurship: Theory and Practice, 35(1), 137–163.

70. Short, J.C., Moss, T.W., &Lumpkin, G.T. (2009). Research in Social Entrepreneurship: Past Contributions and Future Opportunities. Strategic Entrepreneurship Journal, 3, 161–194.

71. Si, S., Ahlstrom, D., Wei, J. & Cullen, J. (2019). Business, Entrepreneurship and Innovation Toward Poverty Reduction. Entrepreneurship & Regional Development, 32(1–2), 1–20.

72. Suchman, M.C. (1995). Managing Legitimacy: Strategic and Institutional Approaches. The Academy of Management Review, 20(3), 571–610.

73. Swanson, L.A., & Zhang, D.D. (2010). The Social Entrepreneurship Zone. Journal of Nonprofit & Public Sector Marketing, 22(2), 71–88.

74. Teasdale, S. (2012). What's in a Name? Making Sense of Social Enterprise Discourses. Public Policy and Administration, 27(2), 99–119.

75. Tran, L. (2013). Understanding the Rise of Social Enterprise in Vietnam: Social Capital, Factors of Emergence and Policy Considerations. LUND University.

76. Trivedi,C. (2010). Towards a Social Ecological Framework for Social Entrepreneurship. Journal of Entrepreneurship, 19,63–80.

77. von Bergmann–Winberg, M. (2014). Social and Political Entrepreneurship: Ways and Means to Develop Sparsely Populated Regions? In A. Lundstrom, C. Zhou, Y. von Friedrichs, & E. Sundin (Eds.), Social Entrepreneurship: Leveraging Economic, Political,

and Cultural Dimensions (pp. 309–324). Berlin: Springer–Verlag.

78. Wade, J.B., Porac, J.F., Pollock, T.G., & Graffin, S.D. (2006). The Burden of Celebrity: The Impact of CEO Certification Contests on CEO Pay and Performance. Academy of Management Journal, 49(4), 643–660.

79. Weisbrod, B.A. (1975). Toward a Theory of the Voluntary Nonprofit Sector in a Three–Sector Economy. In E.S. Phelps (Ed.), Altruism, Morality, and Economic Theory (pp. 171–195). New York: Russell Sage.

80. Wenger, E., McDermott, R.A., & Snyder, W. (2002). Cultivating Communities of Practice: A Guide to Managing Knowledge. Harvard Business School Press.

81. York, J.G., O'Neil, I., & Sarasvathy, S.D. (2016). Exploring Environmental Entrepreneurship: Identity Coupling, Venture Goals, and Stakeholder Incentives. Journal of Management Studies, 53, 695–737.

82. Zahra, S.A., Rawhouser, H.N., Bhawe, N., Neubaum, D.O., & Hayton, J.C. (2008). Globalization of Social Entrepreneurship Opportunities. Strategic Entrepreneurship Journal, 2(2), 117–131.

中文文献

1. 陈嘉明. 现代性与后现代性十五讲 [M]. 北京：北京大学出版社，2006.

2. 陈雅丽. 社会企业的培育与发展：英国经验及其对中国的启示 [J]. 社会工作，2014（3）：43–48.

3. 邓国胜. 中国社会企业与社会行业调研总报告 [M]// 中国社会企业

与社会投资行业调研报告（No.1）.北京：社会科学文献出版社，2019：1–12.

4. 方晓彤.中国社会组织：历史进程、现实状况与发展趋向 [J].西南石油大学学报（社会科学版），2017，19（5）：71–77.

5. 甘阳.八十年代文化意识 [M].上海：上海人民出版社，2006.

6. 官有垣.社会企业组织在台湾地区的发展 [J].中国非营利评论，2007（12）：146–218.

7. 贺翠香.法兰克福学派在中国的影响及其意义 [J].马克思主义与现实，2012（1）：132–138.

8. 何艳玲.成都方法论：成都社区发展治理实践研究 [C]// 成都市党建引领城乡社区发展治理理论成果汇编.成都：中共成都市委城乡社区发展治理委员会，2019：132–180.

9. 胡方萌.中小型农业企业的家族式管理研究——基于河南省开封市的案例调研 [J].农业经济与管理，2016，38（4）：88–94.

10. 金仁仙.韩国社会企业发展现状、评价及其经验借鉴 [J].北京社会科学，2015（5）：122–128.

11. 李北伟."31542"，五个数字认知中国社会企业生态 [EB/OL].（2019–04–08）[2020–01–20].https://www.casvi.org/h-nd-435.html?_ngc=–1.

12. 李健.社会企业政策：国际经验与中国选择 [M].北京：社会科学文献出版社，2018.

13. 李新春，张书军.家族企业：组织、行为与中国经济 [M].上海：格致出版社，2008.

14. 李泽厚.中国现代思想史 [M].北京：东方出版社，1987.

15. 刘志阳，李斌，陈和午.企业家精神视角下的社会创业研究 [J].管理世界，2018（11）：171–173.

16. 刘守英，王一鸽.从乡土中国到城乡中国——中国转型的乡村变

迁视角 [J]. 管理世界，2018，34（10）：128–146.

17. 吕红霞. 法兰克福学派与中国现代性建构 [M]. 北京：人民出版社，2019.

18. 吕幸星，谭建平. 批判与建构：社会主义意识形态工作的逻辑向度——基于《德意志意识形态》"费尔巴哈"章的分析 [J]. 华南理工大学学报（社会科学版），2021，23（1）：15–22.

19. 王诗宗，宋程成. 独立抑或自主：中国社会组织特征问题重思 [J]. 中国社会科学，2013（5）：60.

20. 王志银. 中国家族企业发展战略研究 [D]. 湘潭：湘潭大学，2004.

21. 温铁军. 党领导下以社会企业激活社区治理 [C]// 成都市党建引领城乡社区发展治理理论成果汇编. 成都：中共成都市委城乡社区发展治理委员会，2019：102–103.

22. 吴帆，吴佩伦. 社会工作中的"赋权陷阱"：识别与行动策略 [J]. 华东理工大学学报（社会科学版），2018，33（5）：10–19.

23. 徐君. 社会企业组织形式的多元化安排：美国的实践及启示 [J]. 中国行政管理，2012（10）：91–94.

24. 徐永光. 公益向右，商业向左 [M]. 北京：中信出版社，2017.

25. 袁瑞军. 中国社会企业 [R]. 成都：中国社会企业与影响力投资论坛，2019.

26. 张莉. 中国家族企业治理模式初探 [J]. 太原学院学报（社会科学版），2019，10（2）：31–35.

27. 毛基业，赵萌. 社会企业家精神：创造性地破解社会难题 [M]. 北京：中国人民大学出版社，2019.

28. 毛基业，赵萌. 社会企业家精神：创造性地破解社会难题 II[M]. 北京：中国人民大学出版社，2020.

29. 郑海航，曾少军. 对家族企业发展趋势的研究 [J]. 经济理论与经济管理，2003（9）：38–43.

30. 郑作彧.前言：新异化的诞生 [M]// 新异化的诞生 . 上海：上海人民出版社，2018.

31. 周红云.社会创新理论及其检视 [J]. 国外理论动态，2015（7）：78–86.

32. 霍耐特(Honneth，A).研讨会开幕词 [M]// 法兰克福学派在中国.北京：社会科学文献出版社，2011.

33. 罗萨（Rosa，H ）. 新异化的诞生 [M]. 上海：上海人民出版社，2018.